초등학생이라면 이것만은 꼭!

초등
어휘백과

글 **김정신** ㅣ 그림 **윤유리**

삼성출판사

이 책을 읽는 친구들에게

공부를 많이 했는데 성적이 오르지 않은 경험이 있을 거예요.
이유가 무엇일까요?

문장을 이해하는 능력을 문해력이라고 해요. 글을 읽고, 그 글을 해석하고 이해하며, 자신의 생각을 말하는 능력이지요. 그러나 문해력이 부족한 친구들이 점점 늘고 있어요. 문해력의 중요성은 시대를 가리지 않고 중요한 문제로 대두되는데 말이에요.

그 이유는 아마 글을 읽는 대신 보고 듣는 매체를 더 많이 접해서 일 거예요. 재미 위주의 짧은 영상들에 익숙해지다 보니 긴 글을 읽는 것이 힘들어지지요. 그러나 문해력이 부족하면 책 읽기 뿐만 아니라 다른 학습에도 많은 지장을 준답니다.

문해력의 핵심은 어휘예요. 누구나 글을 읽을 수는 있어요. 하지만 그 뜻을 바르고 정확하게 이해하며 단번에 읽어 내는 사람은 많지 않지요. 그건 어휘력 때문이에요. 어휘를 많이 알수록 문장을 바르게 읽고 정확하게 이해할 수 있어요.

이 책은 문해력과 어휘력의 기초를 쌓을 수 있게 도움을 줄 거예요.

많이 들었지만 뜻은 정확히 몰랐던 우리말, 헷갈리고 어려운 한자어, 자주 틀리거나 실수하는 표현 등 멀게 느껴졌던 어휘를 쉽고 재미있게 배울 수 있어요.

공부하면서 싫증 나거나 지겹지 않도록 이야기와 함께 어휘를 풀어 재미있게 읽을 수 있도록 했답니다. 언제 어디서든 가볍게 읽으면서 어휘를 익힐 수 있을 거예요. 여러 번 반복해서 읽다 보면 여러분의 어휘력도 한 뼘 더 풍부해질 수 있어요.

다양한 어휘력을 바탕으로 책을 읽으면 문해력이 좋아져 질 좋은 독서를 할 수 있게 되지요. 우리말 어휘를 많이 알고 바르게 써서 우리말에 자부심과 자신감을 갖는 계기가 되었으면 좋겠어요.

2025년 1월

김정신

목차

아 다르고 어 다른 우리말

매일 쓰는 우리말인데도 매번 헷갈리는 말이 참 많습니다.
우표는 붙이고 편지는 부친다고 쓰는가 하면,
감기는 낳는 게 아니라 낫는다고 써야 하지요.
알쏭달쏭한 우리말을 제대로 배워 볼까요?

001 달걀을 싸고 있는 건 껍데기일까, 껍질일까?

한 청년이 지게에 짐을 지고 집으로 가고 있었어. 벌써 해는 지고 사방은 달빛만 푸르스름하게 빛나고 있었지. 청년은 어렸을 때 들었던 달걀귀신 이야기가 생각나서 발걸음을 재촉했지. 그런데 저 앞에서 한 노인이 걸어오는 거야. 길도 어두운데 무슨 일인가 싶어 청년은 노인을 불렀어.

"어르신, 어디로 가십니까?"

노인은 가던 길을 멈추고 청년을 쳐다보았어. 그런데 세상에! 노인의 얼굴이 달걀처럼 하얀 데다 눈, 코, 입이 하나도 보이지 않는 거야.

청년은 화들짝 놀라 뒤로 자빠질 뻔했지만 크게 숨을 한 번 쉬고는 점잖게 물었어.

"이놈 귀신아, 네 껍질을 벗고 정체를 드러내라!"

"귤도 아니고, 사과도 아니고, 달걀인 나한테 껍질이라니!"

"네가 벗지 않으면 내가 벗길 테다. 어서 껍질을 벗으래도!"

달걀귀신은 망토 주머니에서 귤을 하나 꺼내서 청년에게 던졌어.

"껍질을 벗기고 싶다면 이 귤 껍질이나 벗기시지!"

그러면서 하얀 연기만 남기고는 사라져 버렸대.

청년이 무슨 말을 잘못한 걸까요?

껍질을 벗으래도!

8

껍데기와 껍질

'껍데기'는 달걀이나 조개, 소라같이 겉을 싸고 있는 단단한 물질이나 이불 껍데기, 베개 껍데기처럼 겉을 덮은 물건을 말해요. 그에 비해 '껍질'은 사과나 귤, 양파 껍질과 같이 무른 물체를 싸고 있는 바깥층을 말해요.

어휘 퀴즈

1. (껍질/껍데기)을(를) 벗기지 않은 곡식의 알을 '낟알'이라고 한다.
2. 음력 정월 보름날이면 부럼인 호두 (껍질/껍데기)을(를) 힘껏 깨물어야 한다.
3. 돼지 (껍질/껍데기)은(는) 맛있다.

정답 1. 껍질 2. 껍데기 3. 껍질

9

002 쌍둥이의 얼굴은 다를까, 틀릴까?

한 집에 쌍둥이가 태어났어. 처음에는 엄마, 아빠도 큰애가 누구이고 작은애가 누구인지 구별을 못 했어. 하지만 쌍둥이가 커 가면서 형은 싸움질하는 말썽쟁이가 되고, 동생은 공부도 잘하고 책도 많이 읽는 모범생이 되었대. 그러니 얼굴도 하는 모양에 맞게 조금씩 변해 갔대.

어느 날, 엄마는 쌍둥이를 데리고 먼 친척 집에 놀러 갔어. 먼 친척은 쌍둥이를 아기였을 때 보고 이번이 두 번째 보는 거였지. 먼 친척이 말했어.

"아기였을 때는 누가 누구인지 구분이 안 가더니 지금은 얼굴이 많이 틀리네."

그 말을 듣고, 모범생인 동생이 친척 어른에게 화를 냈어.

"저희 얼굴이 뭐가 틀리다는 거예요? 저희 얼굴은 잘못되지 않았다고요."

엄마는 얼굴이 빨개져서 버릇없는 동생을 꾸짖었어. 하지만 동생에게서 화낸 이유를 들은 이후엔 고개를 끄덕였대.

먼 친척은 뭘 잘못했을까요?

다르다와 틀리다

'다르다'는 '같다'의 반대말이에요. 비교가 되는 두 대상이 '같지 않다'라는 뜻이지요. 그리고 '틀리다'는 '맞다' 혹은 '옳다'의 반대말로, 셈이나 사실이 옳지 않거나 어긋난다는 뜻이에요. 하려는 일이 순조롭지 못할 때도 이 말을 써요. 쌍둥이의 얼굴이 '틀리다'는 것은 두 사람의 얼굴이 '어긋나 있다'라는 의미이니, 동생이 화를 낼 만도 하지요.

어휘 퀴즈

1. 어제 입었던 옷과 오늘 입은 옷이 (다르다/틀리다).
2. 난 너와 생각이 (달라/틀려).
3. 역시 예술가들은 생각하는 게 (달라/틀려).
4. 계산이 (다르다/틀리다).

정답 1. 다르다 2. 달라 3. 달라 4. 틀리다

003 망치로 부수고, 물로 부시고

최씨 아저씨는 옹기장이로 유명했어. 아저씨가 만든 옹기를 사려고 다른 마을에 사는 사람들이 몰려올 정도였어. 그런데 아저씨가 파는 옹기의 수는 빚는 옹기의 수보다 훨씬 적었어.

"저 양반, 또 시작했네!"

구운 옹기를 가마에서 꺼내기 시작하면 아저씨 아내가 하는 소리야. 아저씨는 옹기들을 이리저리 살펴보더니 냅다 부서뜨렸거든. 아저씨는 조금이라도 흠집이 있는 옹기는 팔 수 없다고 생각했어.

애써 구운 옹기를 부수는데 아깝지 않은 사람이 어디 있겠어? 그래서 아내가 한마디 했지.

"그만 좀 부셔요!"

아저씨는 아내를 바라보았어.

"내가 뭘 부신다고 그래? 물도 없는데."

그랬더니 아내가 말하는 거야.

"저 양반이 하도 옹기를 부셔서 머리가 어떻게 된 모양이네."

아저씨와 아내 중 누구의 말이 잘못된 걸까요?

부시다와 부수다

'부시다'는 그릇을 씻어 깨끗하게 할 때나 빛이 강해 쳐다보기 힘들 때 하는 말이에요. '눈이 부시다.' 혹은 '접시를 물로 부시다.'와 같이 쓰지요. '부수다'는 단단한 물체를 깨뜨리거나 못 쓰게 만들 때 쓰는 말로 '집을 부수다.' 등으로 써요.

어휘 퀴즈

1. 물로 입 안을 (부셨다/부쉈다).
2. 단단한 흙을 손으로 (부셨다/부쉈다).
3. 눈이 (부실/부술) 때는 선글라스가 제격이다.

정답 1. 부셨다 2. 부쉈다 3. 부실

13

004 잠잘 때 필요한 게 벼개일까, 베개일까?

어느 여름날, 트럭에 여름 이불을 싣고 팔러 온 이불 장수가 큰 소리로 외쳤어.

"시원한 모시, 삼베 이불이 왔어요. 이거 하나면 올여름 그냥 지나가!"

동네 아줌마들이 삼삼오오 모이기 시작했어.

"올여름 시원하게 지내는 게 바람*이었는데, 잘됐네."

아줌마들은 트럭 주위에 모여 침구류를 구경했어.

"숯 벼개, 대나무 벼개도 진짜 좋아요."

이불 장수가 말하자 한 아줌마가 그러는 거야.

"아저씨, 벼개가 뭐예요, 비개지."

그러자 옆에 있던 아줌마도 질세라 한마디 해.

"비개가 뭐유? 베개지."

아줌마들은 서로 자기 말이 맞다고 난리가 났어. 벼개든 비개든 베개든 빨리 팔고 싶은데 난데없이 싸움이 나자 이불 장수 표정이 말이 아니야.

이불 장수는 입이 댓 발이나 나와서는 장사고 뭐고 포기하고 트럭을 몰고 다른 곳으로 가 버렸다나.

싸움에서 이긴 아줌마는 누구일까요?

14

베다와 베개

'베개'는 누울 때 머리를 받친다는 의미로 쓰는 '베다'라는 말에서 나왔어요. '베개'는 곳에 따라서 '비개', '벼개'라고도 해요. 하지만 모두 사투리랍니다. 표준어는 '베개'예요. 날이 있는 물건으로 끊거나 자를 때도 '풀을 베다.'처럼 '베다'라는 말을 써요.

바람과 바램

무엇인가를 희망할 때 '바람'이란 말을 써요.
이 말을 '바램'으로 잘못 쓰는 경우가 많은데, '바램'은 틀린 말이에요. '바람'은 '바라다'에서 나온 말이에요. '바람', '바랐다'와 같이 써야 맞는 표현이랍니다.

005 억울하면 앙갚음하고, 부모님께는 안갚음하자

까마귀 형제가 있었어. 겨울이라 먹이가 모자랐지. 하루는 형이 말했어.

"아우야, 이제 어머니도 병들고 늙으셨으니 어머니께 안갚음을 해야겠다."

아우가 물었지.

"형님, 앙갚음을 하다니요?"

"그동안 어머니가 키워 주신 은혜에 보답한다는 뜻이란다."

형제 까마귀는 마을을 낮게 날다가 고기가 한 점 떨어져 있는 것을 발견했어. 동생이 나무 위에서 망을 보는 동안 형이 얼른 물어서 나무 위로 올라왔지.

그런데 그때 여우 한 마리가 나무 아래로 슬며시 오더니 그러는 거야.

"까마귀 선생, 당신이 그렇게 노래를 잘한다면서요?"

여우가 어찌나 칭찬을 하는지 형 까마귀는 자기도 모르게 입을 벌리고 노래를 불렀지. 여우는 기회를 놓치지 않고 떨어진 고기를 냉큼 물고는 달아나 버리지 않겠어?

동생은 울상인데 형 까마귀가 날개를 부르르 떨며 말했어.

"이 앙갚음은 꼭 하고야 말 테다!"

"여우에게 무슨 은혜를 갚는단 말이에요?"

화가 난 동생이 부리로 형의 머리를 꼭 쪼더니 엄마에게 날아가 버렸대.

왜 형과 동생 사이가 나빠졌을까요?

형아, 바보!

이 앙갚음은 꼭! 하고 말테다.

부르르르

앙갚음과 안갚음

'앙갚음'은 내가 남에게 해나 불이익을 당했을 때, 그 사람에게 똑같이 해나 불이익을 돌려주는 행동을 말해요. '복수'와 비슷한 뜻이지요. 하지만 '안갚음'은 '까마귀 새끼가 자라서 어미에게 먹이를 물어다 주는 일'을 가리키는 말로, 자식이 부모에게 은혜를 갚는 일을 말해요.

어휘 퀴즈

1. 비밀을 지키지 못하고 오히려 퍼뜨리다니! 이 (앙갚음/안갚음)은 반드시 하겠다.
2. 저를 키워 주신 은혜에 꼭 (앙갚음/안갚음)을 하겠습니다.
3. 지난번에 당한 모욕을 (앙갚음/안갚음)하기 위해 힘을 길렀다.

정답: 1. 앙갚음 2. 안갚음 3. 앙갚음

006 천둥은 우뢰일까, 우레일까?

번쩍하고 번개가 치자 금세* 쿠궁쿵 천둥소리가 났어.

비가 오는 밤에 번개와 천둥까지 치니 귀신들이 활동하기 딱 좋은 날이야.

결혼 못한 몽달귀신과 처녀 귀신, 눈, 코, 입이 없는 달걀귀신까지 온갖 귀신들이 다 모였지.

"요샌 우리 인기가 옛날 같지 않아."

"맞아. 옛날엔 우리 얘기하면서 긴 밤을 보내는 사람들이 많았는데 말이야."

귀신들은 저마다 옛일을 이야기하며 추억에 잠겼어. 그때 또다시 번개가 번쩍하더니 천둥소리가 들렸어.

"어이쿠! 우뢰 소리에 귀신도 놀라겠네."

몽달귀신이 깜짝 놀라며 말하자, 달걀귀신이 말했어.

"우뢰가 아니고 우레겠지."

귀신들이 저마다 우뢰가 맞네 우레가 맞네 하는데, 처녀 귀신이 좋은 생각이 났는지 자는 사람을 깨우는 거야.

"히히히! 우뢰가 맞니, 우레가 맞니?"

소름 끼치는 그 소리에 잠이 깬 사람은 귀신들을 보고 다시 까무러치고 말았대.

'우레'와 '우뢰' 중 어느 것이 맞을까요?

우레

'우뢰'가 아닌 '우레'가 맞는 말이에요. 우레는 천둥과 같은 뜻으로 '울다'라는 어근에 '에'라는 접미사가 붙어 만들어진 고유어예요. '우레와 같은 박수'라는 구절이 흔히 쓰이지요.

금새와 금세

'지금 바로'라는 뜻인 '금세'를 '금새'로 잘못 쓰는 일이 많아요. '금세'는 '금시에'가 줄어든 말이지요.
반면 '금새'란 물건의 값을 뜻하는 말이에요. 물건 값이 비싸거나 싼 정도를 말할 때 '금새'라는 말을 쓰지요. '물건 값을 알아보다.'라는 말을 '금새를 알아보다.'라고 쓰기도 한답니다.

007 고무줄은 늘이고, 나이는 늘려라

옛날 어느 마을에 사또가 부임해 왔는데, 나이가 어린 꼬마 사또가 온 거야.
관리들은 꼬마 사또를 보고 코웃음을 쳤어.
"저렇게 어린 사또가 무슨 일을 할 수 있겠어?"
어린 사또도 관리들이 나이 어린 자기를 얕잡아 본다는 것을 눈치채고 있었지.
그래서 관리들이 모인 자리에서 똑 부러지게 말했어.
"내가 얼굴은 어려 보여도 나이는 꽤 들었소. 그러니 앞으로 내 말을 잘 따라 주길 바라오."
그러자 관리들은 저희들끼리 수군거리고 난리가 났어.
"저 어린 사또가 나이를 늘이려는 수작이지."
"암, 사또의 말에 넘어갈 우리가 아니고말고."
그런데 어린 사또가 귀도 밝지. 관리들이 수군거리는 소릴 다 들었지 뭐야.
"뭐, 나이를 늘인다고요? 고을을 잘 다스려야 할 관리들이 어휘도 제대로 모르니 이 고을이 어떻게 되겠소?"
어린 사또는 어휘의 뜻을 제대로 알지 못하는 관리들을 꾸중했어. 그리고 며칠 동안 관리들에게 어휘의 뜻을 제대로 가르쳤대. 이때부터 관리들은 어린 사또를 함부로 보지 않았다나.

관리들이 잘못 쓴 어휘는
무엇일까요?

늘이다와 늘리다

'늘리다'는 본래보다 많거나 크게 한다는 뜻이에요. 나이를 보태는 것은 '늘리다'가 맞는 표현이에요. 이와 달리 '늘이다'는 본래보다 더 길게 한다는 뜻으로, 힘으로 잡아당겨 길게 할 때 쓰는 표현이에요. 엿과 고무줄은 '늘이는' 것이고, 나이나 재산은 '늘리는' 거랍니다.

어휘 퀴즈

1. 좁은 운동장을 (늘이다/늘리다).
2. 사람 수를 (늘여/늘려) 다시 싸움에 나갔다.
3. 커튼을 아래로 (늘였다/늘렸다).

정답 1. 늘리다 2. 늘려 3. 늘였다

008 엄마는 아기를 낳고, 나는 동생보다 낫다

동생이 태어났어. 엄마는 동생을 낳느라 너무 힘이 들었대.

그런데 동생이 태어나니 난 항상 뒷전인걸. 엄마 품도 동생 차지, 사랑도 동생 차지. 그래서 오늘부터 난 삐치기로 했어.

엄마가 불러도 대답을 안 하고, 심부름을 시켜도 모른 척했지. 공부도 열심히 안 하고 매일 컴퓨터 게임에 잠만 잤어. 그렇게 며칠이 흘렀어.

처음에 엄마는 참는 듯했어. 그러더니 드디어 폭발한 거야. 마치 킹콩처럼!

"이제 동생도 생겼는데, 형이 동생보다 나아야 할 것 아냐!"

마치 천장이 무너지는 듯했어. 자던 동생이 깨서 울고, 난 방으로 숨어 버렸어.

엄마가 원망스러웠지.

"난 나라고! 내가 동생보다 나아야 할 이유는 없잖아."

그러다 책상 유리에 끼워 둔 옛날 사진을 보았지. 내가 아기였을 때 엄마 품에 안겨 있는 사진이었어.

'그래, 지금 동생에게는 엄마가 필요해. 지금은 조금 양보하자.'

그렇게 생각을 하니 내가 동생보다 나은 형인 건 확실하단 생각이 들어.

그런데 '낳다'와 '낫다'가 헷갈리지 않는 방법은 없을까요?

22

낳다와 낫다

'낳다[나타]'는 사람이나 동물이 아이나 새끼를 출산하는 것을 말해요. 또 '원인이 결과를 낳다'고 할 때도 이 말을 써요. '낫다[낟따]'는 서로 비교하여 하나가 더 좋을 때 쓰는 말이에요. 병이 완쾌됐을 때도 '낫다'를 써요.

어휘 퀴즈

1. 기름 유출이 생태계 파괴를 (나았다/낳았다).
2. 오렌지보다 귤이 (낫다/낳다).
3. 우리 선생님이 아기를 (나았다/낳았다).

정답 1. 낳았다   2. 낫다   3. 낳았다

009 우표는 붙이고, 편지는 부친다

항상 어른 말을 거꾸로 듣는 청개구리 이야기 알지? 진짜 청개구리 같은 아이가 있었어. 그런데 그 아이가 청개구리 이야기를 읽고 다시는 어른 말을 거꾸로 듣지 않기로 결심을 했대.

하루는 할머니가 편지를 한 통 내밀며 아이에게 말했어.

"개똥아, 이 편지 급한 거니까 빨리 부치고 오너라."

말 잘 듣기로 결심한 아이는 신이 났지.

"네! 어디다 붙일까요?"

"그야 우체국에 가서 부쳐야지."

아이는 편지를 가지고 우체국으로 달려갔지.

우체국에 도착한 아이는 생각했어.

'어디에 붙여야 할머니가 좋아하실까?'

그러다 봉투 한 면에 풀을 잔뜩 발라 우체국 문 앞에다 붙이고 돌아왔어.

그 후 보름이 지났는데 할머니가 편지를 보낸 친구한테서 소식이 없잖아.

할머니가 아이한테 물으니
틀림없이 우체국에 가서
붙였다고 하는데…
이걸 어쩌면 좋아!

할머니 편지의 답장은
왜 안 왔을까요?

24

붙이다와 부치다

'붙이다'는 두 물체를 떨어지지 않게 한다는 의미를 가지고 있어요. 사진을 붙이고, 소매를 걷어붙이고, 싸움을 붙일 때 사용하는 말이에요. '부치다'는 무언가를 보내려고 할 때 주로 쓰는데, 소포나 편지, 짐 등을 다른 곳으로 보낼 때 '부친다'고 해요.

어휘 퀴즈

1. 닭싸움을 (부쳤다/붙였다).
2. 내 말은 꼭 비밀에 (부쳐/붙여)다오.
3. 이민 간 친구에게 소포를 (부쳤다/붙였다).

정답 1. 붙였다 2. 부쳐 3. 부쳤다

010 숙제를 잊어버린 걸까, 잃어버린 걸까?

투덜이는 매일 투덜거리는 게 일이어서 이름도 투덜이야.

밥 먹을 때도 투덜투덜, 세수할 때도 투덜투덜, 공부할 때도 투덜투덜하지. 심지어 친구와 영화를 볼 때도 지겹다고 투덜거려.

하도 투덜거리다 보니 다른 것은 깜빡하기 일쑤야. 어제도 선생님이 수학 숙제를 내 주셨는데 깜빡했지. 저녁 반찬이 맛없다고 투덜거리다가 말이야.

"숙제 안 해 온 사람, 뒤에 가서 서 있으세요!"

선생님은 숙제 안 해 온 사람을 벌 세웠어. 그런데 숙제 안 해 온 사람이 투덜이밖에 없는 거야. 선생님이 물었어.

"투덜아, 숙제를 왜 안 해 왔니?"

"숙제를 잃어버렸어요."

"숙제한 공책을 잃어버렸다고?"

"아뇨, 숙제를 깜빡 잊어버렸다고요."

"숙제가 물건이니? 잃어버리게!"

선생님은 투덜이 머리를 콩 하고 쥐어박았어.

그 와중에도 투덜이는 또 맘속으로 투덜거렸어.

뭘 투덜거렸냐고?

'잊어버린 걸 잊어버렸다는 데 선생님은
왜 그러시는 거야?'

과연 투덜이는 정말 숙제를 잊어버린
걸까요?

숙제를
잃어버렸다니
까요!

아이고, 머리야!

투덜
투덜

잇다와 잃다

'잊다'는 기억해야 할 일이나 생각이 지워졌을 때 쓰는 말이에요. 기억이 나지 않는다는 말이지요. 반면에 '잃다'는 물건 등이 없어졌을 때 써요. 가지고 있던 마음이나 성질이 없어졌을 때도 '잃다'를 쓰지요.

어휘 퀴즈

1. 고속도로에서 방향을 (잊었다/잃었다).
2. 태권도에 재미를 (잊었다/잃었다).
3. 지나간 사랑은 이제 (잊자/잃자).

정답 1. 잃었다 2. 잃었다 3. 잊자

011 모르는 길은 가르쳐 주고, 방향은 가리켜 준다

대학 입시에서 전국 수석을 한 똘똘이가 기자 회견을 하고 있었어.

"똘똘 군, 정말 축하드립니다. 소감 한마디 해 주세요."

"음, 전 공부하는 게 제일 쉬웠어요."

똘똘이가 또박또박 똘똘하게 말했지.

"그래도 특별히 받은 수업이 있으면 고3 수험생들을 위해서 알려 주세요."

그러자 똘똘이 엄마가 마이크를 붙잡았어.

"우리 똘똘이는 어렸을 때부터 똘똘해서 특별 지도를 받지 않아도 똘똘했죠. 오죽하면 이름을 똘똘이라고 지었겠어요?"

똘똘이 엄마의 이야기에 한 기자가 손을 들고 말했어.

"에이, 어떻게 그럴 수가 있겠어요? 다 비법이 있겠죠. 비법 좀 가리켜 주시죠."

그러자 똘똘이가 기자에게 되묻는 거야.

"비법을 가리켜 달라고요? 기자님은 맞춤법도 모르면서 어떻게 기자가 되었는지 가르쳐 주실래요?"

똘똘이의 말에 기자는 얼굴이 벌게졌어. 그러면서 고래고래 소리를 질렀지.

"가리켜 주기 싫으면 그만이지, 내가 기자 되는 데 보태 준 거 있어요?"

다른 기자들이 그 모습을 보고 너무 창피해서 고개를 절레절레 흔들었대.

기자는 왜 똘똘이에게 망신을 당했을까요?

가르치다와 가리키다

'가르치다'는 아는 사람이 모르는 사람에게 지식이나 기술 같은 것을 알려 줄 때 쓰는 말이에요. 또한 그릇된 것을 바로잡아 줄 때도 쓰지요. '가르키다', '알으키다'라고 잘못 쓰기도 하는데, 이건 틀린 말이랍니다. 이에 비해 '가리키다'는 방향이나 대상을 집어서 말할 때 쓰는 표현이에요.

어휘 퀴즈

1. 우리 어머니는 발레를 (가르친다/가리킨다).
2. 저런 애를 (가르켜/가리켜) 춤의 고수라고 하는 거야.
3. 슈퍼맨은 손을 뻗어 크립톤 행성을 (가르쳤다/가리켰다).

정답 1. 가르친다 2. 가리켜 3. 가리켰다

012   옷은 맞추고, 정답은 맞힌다

곰처럼 퉁퉁한 문씨 아저씨가 양복을 맞추려고 양복점에 들어갔어. 양복점 주인은 들어오는 손님을 한 번 보면 치수를 재지 않고도 척척 들어맞게 옷을 만든다고 소문이 난 사람이야.

"양복을 맞추려고 하는데, 정말 치수를 재지 않고도 만들 수 있겠소?"

주인은 손님을 꼼꼼하게 훑어보았어. 하지만 이렇게 덩치 큰 손님은 정말 처음 보거든. 치수를 한번 재어 볼까 고민하다가 자존심을 지키기로 했지.

일주일 후, 문씨 아저씨는 양복점에 양복을 찾으러 갔어. 그리고 바지를 먼저 입어 보고는 깜짝 놀랐지. 어찌나 몸에 딱 들어맞는지!

"아니, 어떻게 내 치수를 맞힌 거요?"

"제 좌우명이 '손님 몸에 옷을 맞히자'예요. 한 번 보면 다 안다고요."

주인은 자랑스럽게 웃었어.

그러자 문씨 아저씨가 한마디 했어.

"하지만 당신이 한 말 중엔 틀린 말이 있소. 그게 뭔지 아시오?"

아무리 생각해 보아도 양복점 주인은 뭐가 틀렸는지 알지 못했대.

양복점 주인이 한 말 중 무엇이 틀렸을까요?

맞추다와 맞히다

'맞추다'는 정답이나 규범에 들어맞게 한다는 뜻이에요. 옷은 몸에 맞추어야 하고, 줄도 똑바로 맞추어야 해요. 하지만 '맞히다'는 어떤 목표에 꼭 맞을 때 쓰는 말이에요. '정답을 맞히다.' 혹은 '퀴즈의 답을 맞히다.'와 같이 쓰지요.

어휘 퀴즈

1. 엄마는 음식의 간을 (맞추고/맞히고) 있었다.
2. 둘 중 누가 이길까? 우리 (맞추어/맞히어) 보자.
3. 화살이 과녁을 (맞추었다/맞히었다).

정답 1. 맞추고 2. 맞추어 3. 맞히었다

31

013 인사는 반듯이 하고, 예약은 반드시 한다

악어의 이빨을 청소해 주는 악어새 알지?

많은 악어의 입 청소를 해 주다 보니까 악어새가 너무 바빠진 거야. 그래서 하루는 늪가 나무에다 이런 말을 새겼어.

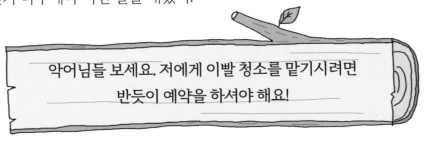

악어님들 보세요. 저에게 이빨 청소를 맡기시려면
반듯이 예약을 하셔야 해요!

그 글을 읽은 악어들은 무시무시한 입을 쩍 벌리더니 화를 내는 거야.

"다들 우리를 무서워하는데, 우리더러 반듯해지라고? 정말 웃기는 소리군."

악어들은 회의를 했어. 아무도 그 악어새에게 일감을 주지 않기로 말이야. 악어 입속의 맛있는 찌꺼기를 탐내는 새들은 얼마든지 많다나?

예약을 하는 악어가 없자 그제야 큰일 났다 싶은 악어새는 악어를 찾아갔어.

그리고 사정했어.

"제발 저에게 이빨 청소를 맡겨 주세요!"

사정하고 매달리면서도 악어새는
악어들이 왜 화가 났는지 알지 못했대.

악어새는 왜 일자리를
잃었을까요?

반듯이와 반드시

'반듯이'는 '반듯하다'라는 동사에서 나온 부사예요. 어떤 물건이나 모양이 비뚤어지지 않고 곧고 바르게 있는 상태를 말해요. 반면에 '반드시'는 어떤 일이나 문제가 꼭 알맞게 돼야 할 때 쓰는 말이에요. '반듯이'는 '똑바로', '반드시'는 '꼭'과 비슷한 뜻으로 쓰인답니다.

어휘 퀴즈

1. 이번 시험에서 (반듯이/반드시) 1등을 하겠다.
2. 공부할 때는 (반듯이/반드시) 앉는 습관이 중요하다.
3. (반듯이/반드시) 이 책을 갖다 주셔야 해요!

정답 1. 반드시 2. 반듯이 3. 반드시

33

014 크기는 가늠하고, 승부는 가름 내고

개구리 가족이 있었어. 하루는 어린 개구리들이 연못에서 놀다가 지나가는 황소를 보았지.

"우아! 저렇게 큰 짐승은 처음 봐."

"나도, 나도."

어린 개구리들은 동그란 눈을 더 동그랗게 뜨고 황소가 지나갈 때까지 지켜보았어. 그리고 아빠 개구리에게 달려갔지.

"아빠, 연못에서 노는데 정말 큰 동물을 보았어요!"

"얼마나 큰 동물인데?"

아빠 개구리는 배에 힘을 주고 동그랗게 부풀렸어.

"이만큼?"

"아니요. 훨씬 커요."

"그럼, 이만큼?"

"아니에요. 그보다 몇 배는 커요!"

아빠 개구리는 황소의 크기를 가늠해 보다 그만 배가 '펑'하고 터지고 말았대. 그다음은? 상상에 맡길게.

'가늠'은 어떤 뜻으로 쓰일까요?

가늠과 가름

'가늠'은 어떤 목표나 기준에 맞는지 헤아려 보는 것을 말해요. 또한 헤아려서 생각해 낸 짐작을 말하기도 해요. '가늠'과 헷갈리는 말로 '가름'이 있어요. '가름'은 '가르다'에서 나온 말로 구별하거나 나눌 때 쓰지요. '판가름'이라는 말은 옳고 그름이나 우열을 판단해서 가를 때 쓰는 말이에요.

어휘 퀴즈

1. 자식의 도리와 부모의 도리는 각각 (가름할/가늠할) 수 있다.
2. 네가 무슨 생각을 하는지는 도통 (가름할/가늠할) 수 없다.
3. 마지막 경기에서 승부가 (가름/가늠) 난다.

정답 1. 가늠할 2. 가늠할 3. 가름

35

015 고속도로는 세 곱절로 붐비고, 나는 평소보다 갑절로 배고프다

공부만 하느라 여행을 한 번도 가지 못한 사람이 있었어. 친구들이 저기를 다녀왔네, 여기를 다녀왔네 하는데 뭐 할 말이 있어야지. 그래서 이번 여름에는 시원한 바닷가로 여행을 떠나기로 했어.

그런데 차가 고속도로에 들어서자, 도로가 꽉 막혀 오지도 가지도 못하는 상황이 되었어. 하필이면 그때가 사람들이 한창 피서지로 떠날 때였거든. 여행을 가본 적이 없으니 언제 길이 막히는지 알 게 뭐야?

두 시간, 세 시간, 네 시간……. 시간이 지날수록 그는 화가 나기 시작했어.

"에이, 이렇게 지루한 여행을 왜 가려고 하는 거야."

길이 막혀 시간이 많이 걸리니 얼마나 심심하겠어. 게다가 뱃속에선 계속 꼬르륵 소리가 들려왔지. 그는 창문을 열고 옆 차선에 선 차에 대고 물었어.

"원래 이렇게 차가 막힙니까?"

"평소보다 세 갑절은 붐비네요."

세 갑절이란 소리에 그 남자가 눈을 번쩍 떴어. 세 갑절이라니!

그는 다시 옆 운전자에게 말을 했어.

"그럴 때는 갑절이라고 하시면 안 돼요!"

심심하던 차에 얘기할 거리가 생겼으니 아주 신이 나서 떠들어 댔대.

옆 차 운전자는 '갑절' 대신 뭐라고 말해야 했을까요?

그럴 때는 갑절을 쓰는 게 아니라~.

곱절과 갑절

'곱절'은 어떤 수나 양을 두 번 합한 만큼을 말해요. 하지만 두 배 이상일 때는 '곱절'을 써야 해요. '갑절'은 두 배에만 쓰는 말이랍니다.

어휘 퀴즈

1. 사과를 판 돈이 네 (갑절/곱절)이나 늘었다.
2. 15는 3의 세 (갑절/곱절)이다.
3. 작년에 천 원 하던 것을 올해는 이천 원을 받다니. 값이 (갑절/곱절)로 올랐구나!

정답 1. 곱절 2. 곱절 3. 갑절

37

016 기록은 경신하고, 면허는 갱신하고

대대로 수염을 기르는 집안이 있었어. 아버지 대에도 할아버지 대에도 수염을 길렀지. 일명 '수염 집안'이라 해도 과언이 아니야. 그러니 아들도 얼른 커서 수염을 기르고 싶은 건 말하나 마나지.

아들은 소원이 딱 한 가지 있었어. 그건 아버지가 세운 수염 길이 신기록을 자기가 깨뜨리는 거였어.

아들은 수염이 나기 시작하자 꽤 신경을 썼어. 십 년이 지나고, 이십 년이 지나고, 삼십 년이 지났지. 그동안 자란 수염이 바닥에 닿을 지경이야. 아들은 이제 기록을 다시 세울 때가 되었다고 생각했어. 그래서 기네스북에 도전을 했지. 어떻게 되었을까?

아들은 아버지의 기록보다 10센티미터나 길게 수염을 길렀어. 아들은 아는 사람들에게 자랑을 늘어놓았지.

"드디어 아버지의 기록을 갱신했다네!"

"아버지의 기록을 고쳤나?"

"돌아가신 아버지의 기록을 어떻게 고치나?"

아들과 친구는 상대방의 말을 알아듣지 못하고 이상한 말만 되풀이했어.

결국 아들은 친구에게 자랑도 못 하고 가슴만 답답해져 돌아왔대.

기록을 갱신했다고!

아들과 친구는 왜 서로의 말을 못 알아들었을까요?

경신과 갱신

'경신'은 원래 있던 것의 전부를 고쳐서 새롭게 한다는 의미로 써요. 주로 '기록을 경신하다'라고 쓰지요. '갱신'은 원래 있던 것의 일부를 고쳐 새롭게 하는 거예요. 주로 유효 기간이 있는 것의 기간이 만료되었을 때 기간을 연장한다는 의미로 써요. 다만, 제도나 기구 따위를 고칠 때는 둘 다 쓸 수 있답니다.

어휘 퀴즈

1. 올해 수출액이 작년 수출액을 (경신/갱신)했다고 한다.
2. 엄마는 여권 (경신/갱신) 기간을 놓쳐 해외여행을 못 가게 되었다.
3. 내가 드디어 수학경시대회 최고점을 (경신/갱신)했다.

정답 1. 경신 2. 갱신 3. 경신

017 전문가는 장이,
특징이나 행동을 말할 때는 쟁이

시력이 나쁜 사람들이 모여 사는 어떤 왕국이 있었어.

앞이 잘 안 보이니, 사람들끼리 부딪히기 일쑤였어. 길을 가다가 벽이나 기둥에 부딪히는 건 예삿일이었지.

왕은 더 큰 사고가 날까 봐 자동차를 비롯해서 자전거를 타는 것까지 금지했어. 그러고 보니 먼 길을 가는 게 여간 불편하고 힘든 일이 아니야. 왕은 고민하다가 방을 붙였어.

> 앞을 잘 볼 수 있는 방법을 알려 주는 자에게
> 평생 왕궁 식사권을 주겠음.

그러던 중에 다른 나라에서 안경 기술을 배운 사람이 안경을 들고 왕에게 갔어.

"이게 무슨 물건인고?"

"안경이라고 하옵니다. 귀에 걸쳐 쓰면 앞이 잘 보이지요."

왕이 안경을 써 보니 뿌옇게 보이던 세상이 아주 밝아. 왕은 기뻐서 소리쳤어.

"이제 우리 국민 모두 안경장이가 되겠군!"

"폐하, 국민 모두가 안경장이라니요? 안경을 만드는 사람은 저 하나뿐입니다."

왕은 이 사람이 자기 혼자 안경을 쓰려는 속셈이라고 생각했어. 그래서 괘씸한 생각에 안경만 빼앗고 옥에 가두었대.

왕과 안경을 가져온 사람 중 누구의 말이 옳을까요?

장이와 쟁이

'장이'는 전문적인 직업이나 기술을 가진 사람을 뜻하는 말이에요. '쟁이'는 사람의 특이한 성질이나 행동을 뜻하는 말이고요. 안경을 만드는 사람을 '안경장이'라고 하고, 안경을 쓰는 사람을 '안경쟁이'라고 해요.

어휘 퀴즈

1. 내 친구 정아는 우리 반 최고 (멋장이/멋쟁이)이다.
2. 우리 아빠는 집 지을 때 시멘트 바르는 일을 하는 (미장이/미쟁이)이셔.
3. 저 숲속에 소원을 들어주는 (요술장이/요술쟁이)가 산대!

정답 1. 멋쟁이 2. 미장이 3. 요술쟁이

018 키 작은 나무에 열매도 적게 열렸구나

감나무에 열매가 열렸어. 가을이 깊어지자 감도 주홍빛으로 익기 시작했지. 여느 때보다 감이 많이 열렸어. 감나무 주인은 좋아서 모두 입이 벌어졌지.

열매를 수확할 때가 되자 감나무 주인은 나무 꼭대기에 열린 큼직한 감 몇 개는 까치밥으로 남겨 두고 열매를 땄지. 덕분에 까치들도 아주 신이 났어.

감나무 주위를 돌던 까치 한 마리가 가장 키가 작은 감나무 위에 앉았어.

"에계, 나무가 적으니 열매도 남은 게 거의 없네."

이 말을 들은 감나무가 까치에게 화를 냈어.

"이봐, 남의 열매를 공짜로 먹는 주제에 무슨 불평이야."

그래도 까치는 다시 투덜거렸어.

"이 감 좀 봐. 네가 키가 적으니까 열매도 훨씬 작잖아."

감나무는 까치의 말을 듣더니 조용히 말했어.

"불평을 하려거든 제대로 해.
네가 한 말은 모두 틀렸으니까."

까치가 틀리게 한 말은
무엇이었을까요?

내가 뭘 잘못 말했나?

공부하고 와서 먹어라!

42

작다와 적다

우리가 자주 혼동하는 말 중에 '작다'와 '적다'가 있어요. '작다'는 '크다'의 반대말이에요. 키나 길이, 부피, 면적이 보통에 미치지 못할 때 쓰는 말이지요. 이에 비해 '적다'는 '많다'의 반대말로 수나 양이 보통보다 모자랄 때 쓰는 말이랍니다.

어휘 퀴즈

1. 작년에 입던 치마가 올해는 (작구나/적구나).
2. 생일에 초대 받은 사람이 생각보다 (작았다/적었다).
3. 덩치가 (작다고/적다고) 해서 (작게/적게) 먹는다고 생각하지 마.

정답 1. 작구나. 2. 적었다. 3. 작다고, 적게

43

019 누가 음식을 던졌던지, 배고프면 먹든지 말든지

생쥐 식구가 쓰레기통을 휘저으며 냄새를 맡고 있었어.

"이 동네는 인심이 야박하단 말이야."

생쥐 식구들이 굶은 지도 벌써 사흘째야. 이 거리 사람들이 생쥐를 잡기 위해서 먹을 거에다 온통 쥐약을 뿌려 놓았거든. 굶주림을 참지 못하다가 덜컥 쥐약 넣은 음식 찌꺼기를 잘못 먹어 죽은 쥐가 한둘이 아니야.

생쥐 식구 중에는 귀신같이 냄새를 구별하는 첫째가 있어 다행이었지. 하지만 냄새를 구별할 줄 알면 뭐해. 쥐약이 안 섞인 음식이라고는 찾을 수가 없는데.

생쥐 식구들은 그렇게 돌아다니다가 고양이를 만났어. 쥐들이 하도 죽는 바람에 고양이도 먹을 것이 없어 찾아다니는 중이었지.

발 빠른 생쥐들은 쥐구멍으로 도망을 쳤어. 그러니 고양이가 먹을 것으로 유혹을 하네.

"난 도우려는 것뿐이야. 먹던지 말던지 알아서들 하셔."

"이봐, 우리가 먹든 말든 상관 말고 네 볼일이나 보면 어떨까?"

그러니 또 고양이가 그래.

"내가 일을 하던 말던 먹기나 하지 그래?"

고양이가 이기든지 생쥐가 이기든지,
'던지'와 '든지' 중 어느 것이 맞을까요?

먹던지 말던지, 맘대로들 하셔.

나도 지조 있는 생쥐걸랑. 누가 먹던 건 안 먹는다고!

던지와 든지

'던지'는 과거에 한 행동에 대하여 생각하거나 추측할 때 쓰는 말이에요. '든지'는 어느 것이든 선택될 수 있음을 나타낼 때 쓰지요. 따라서 고양이가 '먹던지 말던지, 하던 말던'이라고 한 말은 틀렸답니다.

020 웬일이니? 왠지 모르겠어

제비가 낮게 날고 있었어.

"비가 올 모양이구나."

할머니가 낮게 나는 제비를 보며 말했지. 옆에 있는 손자는 할머니 말을 귓등으로 들으며 노래 연습을 하고 있었지.

그런데 이게 웬일이야? 시간이 조금 지나니까 할머니 말처럼 비가 오는 거야.

손자는 노래 부르기를 딱 멈추고 할머니를 쳐다봤어.

"할머니, 비가 올 거라는 걸 어떻게 아셨어요?"

"제비가 낮게 날잖니."

"그게 왜요?"

"모기란 놈은 공기가 축축해지고 비가 올 것 같으면 땅바닥 가까이로 내려가서 숨을 곳을 찾는단다. 그 모기를 먹으려고 제비가 낮게 나는 거지. 그래서 제비가 낮게 날면 비가 온다는 얘기가 있단다."

손자는 할머니의 이야기를 듣고 왠지 할머니가 선생님보다도 똑똑해 보였지.

그런데 할머니는
'웬'과 '왠'의 차이도
알았을까요?

웬일과 왠지

'웬일'의 '웬'은 '어떠한, 어찌 된'의 뜻을 지닌 말이에요. '웬 떡, 웬 사람'처럼 뒤에 명사가 나오지요. '왠지'는 '왜인지'가 줄어든 말이에요. '왜 그런지 모르게, 뚜렷한 이유도 없이'라는 뜻으로 써요.

어휘 퀴즈

1. 그 아이를 볼 때면 (웬지/왠지) 마음이 두근거린다.
2. (웬/왠) 사람들이 이렇게 많은 거야?
3. (웬/왠) 일로 네가 지각을 다 했니?

정답 1. 왠지 2. 웬 3. 웬

021 소질은 계발하고, 신제품은 개발하자

틀린 것을 그냥 못 넘기는 바른말쟁이가 있었어. 그 사람은 과자 공장 연구원이었지. 하루는 과자 공장 사장이 과자 연구원들을 회의실로 불렀어. 최근 과자 판매율이 낮아졌기 때문이야.

"우리 과자가 안 팔리는 이유가 뭐라고 생각합니까?"

"비슷한 제품이 많아서 아닐까요?"

사장이 묻자 한 연구원이 대답했어.

"내가 하고 싶은 말이 그거예요! 다른 회사와 다르고 맛있는 과자를 계발해야 할 거 아닙니까?"

사장은 목소리를 높이더니 칠판에 '신제품 계발'이라고 크게 썼어. 그걸 본 바른말쟁이가 손을 들더니 사장에게 말하는 거야.

"사장님, 그럴 땐 개발이라고 쓰셔야 해요."

사장은 더 화가 나서 얼굴이 붉으락푸르락해졌어.

"이봐, 바른말! 군말하지 말고 신제품 계발에 힘쓰란 말이야!"

"그래도 틀린 건 틀린 건데……."

바른말쟁이가 끝까지 틀린 말을 바로잡자, 사장도 결국 한발 물러섰대.

"알았어, 바른말! 그런 자세로 개발도 자네가 맡아 주게."

그런데 '개발'과 '계발'은
어떤 차이가 있을까요?

48

계발과 개발

'계발'이란 사람의 지능이나 생각을 일깨워 준다는 뜻이에요. '개발'은 새로운 것을 만들거나 개척한다는 뜻이지요. 무언가를 힘으로 이루어 낼 때는 '개발'이라고 써요. 재능은 '계발'하고 제품은 '개발'하는 것이지요.

어휘 퀴즈

1. 산을 깎아 국토를 (계발/개발)하고 있다.
2. 자신의 잠재된 능력을 스스로 (계발/개발)해야 한다.
3. 내 소질을 (계발/개발)하면 10년 후에는 꼭 꿈이 이루어질 것이다.

정답 1. 개발 2. 계발 3. 계발

49

022 저 아기는 세 살박이일까, 세 살배기일까?

아주 특별한 덧니를 가진 아이가 있었어. 그 덧니는 크고 단단해서 마치 호랑이 이빨 같았지. 그래서 아이네 집에 도둑이 들었다 하면 단단한 덧니로 깨물어 도둑을 혼내 주곤 했어.

하루는 아이가 길을 가는데 불량배가 아이 앞을 가로막았어.

"원하는 게 뭐예요?"

"내가 원하는 건 세 살박이도 아는데 왜 시치미를 떼시나?"

아이는 불량배를 똑바로 쳐다보았어.

"아저씨는 이 동네가 처음이신가 봐요."

"그건 왜 물어?"

"이 동네 사는 사람이라면 날 모를 리가 없어요. 세 살배기도요."

"야! 지금 장난하자는 거냐?"

불량배는 주머니를 뒤지려고 아이의 손을 붙잡았어. 그런데 아뿔싸! 정말 순식간에 불량배 코에서 피가 터지고, 얼굴에 덧니 자국이 난 거야.

"저런 괴물이 어디서 온 거야!"

불량배는 걸음아 날 살려라 하고
줄행랑을 쳤대.

불량배가 말한 '세 살박이'와 아이가
말한 '세 살배기', 어느 것이 맞을까요?

박이와 배기

'박이'란 무언가가 박혀 있는 사람, 짐승, 물건을 뜻하는 말이에요. '배기'란 그 나이를 먹은 아이를 나타내는 말인데, 주로 어린아이에게 사용하지요. 또 진짜배기처럼 어떤 것이 차 있거나 그런 물건을 나타낼 때도 '배기'라는 말을 써요.

어휘 퀴즈

1. 다섯 살(박이/배기)가 뭘 알겠어?
2. 점(박이/배기) 아저씨는 수영을 잘한다.
3. 붙(박이/배기)장은 편리하다.

정답 1. 배기 2. 박이 3. 박이

023 산 너머에 가려면, 산을 넘어야 해

영희가 학교에 가려고 집을 나섰어. 골목길을 지나 큰 도로로 나가려고 하는데, 전봇대에 종이 한 장이 붙어 있는 거야.

초대장

나와 놀고 싶은 사람은 누구든지 환영. 우리 집은 산 넘어 있음.
-흰곰-

놀기 대장 영희가 그냥 지나칠 리 없지. 영희는 땀을 뻘뻘 흘리며 산 고개를 하나 넘었어. 하지만 흰곰네 집은 없었어.

영희는 할 수 없이 고개를 하나 더 넘었지. 하지만 그곳에도 흰곰 집은 없었어. 마지막 세 번째 고개까지 넘으니 졸졸 흐르는 개울가 옆에 오두막 한 채가 보이는 거야. 마침 흰곰이 꿀통을 들고 집을 나오며 영희에게 손을 흔들었어.

"안녕? 널 기다리고 있었어."

"야, 초대장을 그렇게 쓰면 어떻게 해?"

영희는 씩씩대며 곰에게 화를 냈어.

"산 너머에 있다고 썼어야지. 이거 알려 주려고 왔어."

영희는 처음엔 투덜거렸지만, 흰곰이 준 꿀도 먹고 낚시도 하면서 정말 재미있게 놀았대.

'너머'와 '넘어'는 어떻게 다를까요?

이 산을 넘고 말겠어!

52

너머와 넘어

'너머'는 공간을 나타내는 말로 건너편을 가리켜요. '넘어'는 '넘다'라는 동사에서 온 말로 행동을 나타내는 말이지요. 예를 들면, '이 산 너머에는 무엇이 있을까? 그것을 알기 위해서는 이 산을 넘어야 한다.'라고 쓸 수 있어요.

어휘 퀴즈

1. 수도꼭지 잠그는 걸 깜박 잊는 바람에 물이 (너머/넘어) 버렸다.
2. 바다 (너머/넘어) 저쪽에는 무엇이 있을까?
3. 저 집 담 (너머/넘어)에는 개가 있다.

정답 1. 넘어 2. 너머 3. 너머

024 여기에 있다가, 밥은 이따가

영철이네 부모님이 여행을 가시는 바람에 영철이는 시골 할머니 댁에 얼마 동안 있기로 했어. 할머니는 오랜만에 온 손자에게 먹이려고 감자랑 옥수수를 많이 쪄서 손자 앞에 내놓았지. 그런데 사실 영철이는 감자나 옥수수는 절대 먹지 않거든. 아무리 배가 고파도 말이야. 하지만 허리가 굽은 할머니가 애써 삶아 주신 건데 안 먹겠다는 말을 차마 할 수가 없는 거야.

"이따가 먹을게요."

영철이는 음식을 뒤로하고 밖으로 나왔어.

시간이 지날수록 영철이의 머릿속에는 피자며 햄버거, 치킨이 떠올랐어.

그러다가 마당에서 모이를 쪼는 닭을 발견했지. 영철이는 이거다 싶어 할머니에게 소리쳤어.

"할머니, 옥수수랑 감자 말고 닭 먹을래요."

그러자 닭이 깜짝 놀라며 그러는 거야.

"있다가 알 낳을 건데 나 말고 계란 먹는 거 어때?"

"지금 배가 몹시 고프다고."

"그러니까 있다가 알 낳는데도."

"지금 배고프다고!"

결국 닭은 영철이 밥이 되고 말았어.

닭이 잘못 알고 말한 부분이 있는데
그게 뭘까요?

나 있다가
알 낳는다고!
계란 먹어!

푸드덕

할머니,
물 올릴까요?

있다가와 이따가

'있다가'는 '어느 곳에 잠시 머무르거나 어떤 상태를 그대로 유지하다가'라는 뜻이에요. '이따가'는 '조금 지난 뒤에, 잠시 후에'라는 뜻의 부사지요. 그러니까 닭이 말한 '있다가'는 '이따가'로 써야 맞습니다.

어휘 퀴즈

1. (있다가/이따가) 우리끼리만 놀자.
2. 난 여기 (있다가/이따가) 갈 테니 너 먼저 가라.
3. 이 빵은 지금 먹지 말고 꼭 (있다가/이따가) 먹도록 해라.

정답 1. 이따가 2. 있다가 3. 이따가

55

025 한창 때여서 한참을 기다렸다

반딧불이가 어두운 밤하늘을 별처럼 수놓을 무렵, 개울가에서 선녀들이 물놀이를 하고 있었어. 늦게까지 나무를 하고 내려오던 나무꾼은 개울가 근처에서 선녀들의 노랫소리를 들었지. 나무꾼은 아름다운 한 선녀를 발견했어.

'저 선녀와 혼인을 한다면 얼마나 좋을까?'

나무꾼은 옛날에 선녀 옷을 훔쳐서 선녀와 결혼했다는 나무꾼 이야기가 떠올랐어. 하지만 그 나무꾼은 선녀가 떠나는 바람에 결국 혼자가 되었잖아. 그래서 나무꾼은 좀 더 신중해지기로 하고 나무 뒤에서 기다렸지.

선녀들이 물놀이를 다 마치고 하늘로 올라가려고 할 때였어. 나무꾼은 용기를 내어 마음에 드는 선녀 앞으로 나갔어.

"아까부터 한창 동안 기다렸어요. 선녀님, 저랑 한번만 만나 주세요!"

그러자 선녀는 소리를 지르며 나무꾼을 야단쳤어.

"뭐라고요? 몰래 지켜본 것도 모자라, 한창 동안 기다렸다고요? 기가 막혀."

"기가 막히다니요. 전 옷도 훔치지 않고 조용히 기다리기만 했는걸요."

나무꾼이 아무리 변명해도 선녀는 그대로 하늘로 올라가 버렸지.

그러면서 하는 말이 "다음번에 누군가를 기다릴 때는 한창 기다리지 말고, 한참 기다리고 이렇게 몰래 지켜보지 마세요!"

나무꾼은 선녀의 말을
이해할 수 있었을까요?

한창과 한참

'한창'이란 어떤 일이 가장 활기차게 이루어지는 때를 말해요. '한참'은 시간이 상당히 지나는 동안이나 오랫동안을 뜻하는 말이에요.

어휘 퀴즈

1. 지금 농촌에서는 모내기가 (한창/한참)이다.
2. (한창/한참)을 기다려도 친구는 오지 않았다.
3. 엄마는 (한창/한참) 동안 말이 없었다.

정답 1. 한창 2. 한참 3. 한참

026 짜장면 곱배기일까, 곱빼기일까?

변두리 동네에 음식점이 하나 생겼는데, 그 이름도 찬란한 중화반점이었지.
중화반점 주인은 문 옆에다 <신장개업>이라는 팻말을 크게 써서 세워 놓았어.
그리고 문에다 조그맣게 이런 글도 써 붙였어.

> 오늘만 짜장면 곱배기도 일반 가격으로 드립니다.

중화반점은 짜장면 먹는 사람들로 넘쳐 났지. 양은 두 배인데 가격은 짜장면 한
그릇 가격이니 말이야.
한창 바쁜 점심시간이 끝나고 중화반점 주인인 왕씨 아저씨는 바람을 쐬러 밖
으로 나왔어. 기분 좋게 바람을 쐬고 들어가려는데, 종이에다 누가 낙서를 해 놓
은 거야. 이렇게 말이야.

> 오늘만 짜장면 곱~~배~~기도 일반 가격으로 드립니다.

"짜장면 곱배기로 기껏 먹여 놨더니 누가 이런 짓을 한 거야!"
왕씨 아저씨는 너무 화가 났어. 그래서 당장 종이를 떼어 저녁에 오는 손님한테
는 정상 가격을 받았대. 만날* 먹는 자장면도 아닌데 누구는 싸게 많이 먹고 누
구는 비싸게 먹으면 손님들이 불만이 없겠어? 하루 종일 손님들과 씨름하느라
왕씨 아저씨는 고생이 이만저만 아니었대.

'곱배기'란 글자를 누가, 왜 지웠을까요?

곱빼기

'짜장면'의 바른 표기는 '자장면'이에요. 그러나 짜장면이 널리 쓰이는 것을 감안해 국립국어원에서 복수표준어로 인정했어요. 짜장면의 양이 보통보다 많은 것을 '곱빼기'라고 해요. '-꾼, -깔, -때기, -빼기'와 같이 된소리가 나는 접미사는 된소리로 적어야 해요. '빼기'는 어떤 특성이 있는 사람이나 물건을 말하지요.

호동이는 어디 갔길래 코빼기도 안 보이는 거야?

짜장면 곱빼기 먹으러 갔대.

야, 짜장면은 너만 먹냐?

그것도 곱빼기라면서?

곱빼기 정도 돼야지 내 양에 딱이야.

짜장면 맛있었냐?

맛은 있었는데, 주인 아저씨 맞춤법 표기가 틀렸던걸.

종이에 낙서한 게 너야?

응, 먹은 후에 지웠기에 망정이지 먹기 전에 지웠으면 곱빼기 값 다 줄 뻔했어.

만날과 맨날

자주 틀리는 우리말에 '만날'이 있어요.
'매일같이 계속해서'를 뜻하는 '만날'이라는 말을
'맨날'이라고 잘못 쓰는 경우가 많아요.
'만날'이 바른 표기랍니다.

만날 놀아요.

027 성냥 한 개피일까, 한 개비일까?

성냥팔이 소녀를 모르는 사람은 없을 거야. 모두가 행복한 크리스마스이브에
춥고 배가 고픈 성냥팔이 소녀는 맨발로 성냥을 팔러 거리로 나갔어.
"성냥 사세요, 성냥."
하지만 성냥은 잘 팔리지 않았고, 소녀는 배고픔과 추위 때문에 쓰러질 지경이
었어. 소녀는 할 수 없이 성냥 한 개비를 집어 들었어.
"성냥 한 개피만 피워 불을 쪼여야지."
소녀가 불을 피우자 옆에 서 있던 남자가 소녀에게 다가왔어.
"이봐요, 예쁜* 꼬마 소녀. 불을 피우는 것도 좋지만 한 개피는 좀 심한걸."
소녀는 남자를 쳐다보았어.
"그렇죠? 한 개피로는 손도 따뜻해지지 않겠죠?"
남자는 답답한 듯 소녀를 보고 말했어.
"내 말은 그게 아니라 한 개피가 잘못됐다는 말이야."
"그러니까요. 한 개피가 아니면 몇 개피를 피울까요?"
남자는 너무 답답해서 가슴을 쳤어.
하지만 소녀는 남자가
왜 그러는지 알지 못했지.

남자는 뭐가 그렇게 답답했을까요?

속 터진다. 속 터져!

이봐, 속 터지면 안 되지!

나 김밥

몇 개피 피울까요?

나도 속 터져!

60

개비

'개비'는 가늘고 길게 쪼갠 나무토막이나 나뭇조각을 뜻해요. 쪼갠 나뭇조각을 셀 때 쓰는 단위이기도 하지요. 종종 '개피'라고 잘못 쓰는데, '개피'는 틀린 표현이랍니다. '성냥개비', '장작개비'와 같이 써야 해요.

예쁘다와 이쁘다

얼굴이 곱거나 마음이 곱거나 행동이 바른 사람을 보고 예쁘다고 해요. '예쁘다'와 더불어 '이쁘다'란 말도 많이 쓰죠. 하지만 '이쁘다'는 표준어가 아니에요. 바른말은 '예쁘다'랍니다.

028 맛있는 김치찌게일까, 김치찌개일까?

야생 체험을 간 몽이가 식사 당번이 되었어. 한참을 생각한 끝에 몽이는 호동이
가 가져온 신 김치로 찌개를 끓이기로 했지. 찌개가 보글보글 끓는데 파가 없는
거야. 몽이는 여기저기 돌아다니다 겨우 파를 구해 왔지. 그런데 끓고 있던 찌개
가 감쪽같이 없어졌어.

"어라? 찌개가 어디로 갔지?"

그때였어. 갑자기 하얀 도복을 입은 도사님이 나타나더니 냄비와 팻말을 들고
서 있는 거야. 그 팻말에는 이렇게 쓰여 있었어.

> 이 김치찌게가 네 김치찌게냐?

몽이는 도리질을 했어. 도사님은 팻말에다 다시 글씨를 썼어.

> 파 안 들어간 이 김치찌게가 네 김치찌게가 아니냐?

"아니*라니까요."

몽이가 계속 아니라고 하자, 도사는 화가 났는지 버럭 소리를 질렀어.

"거짓말 마! 이 맛없는 김치찌게는 네가 끓인 게 맞잖아!"

몽이는 왜 도사에게 아니라고
했을까요?

찌개

우리나라 사람들이 즐겨 먹는 음식으로 김치찌개, 된장찌개 등이 있어요. '찌개'란 고기나 채소를 넣고 물을 자작하게 넣어 끓인 음식을 말하지요. '찌개'를 '찌게'라고 잘못 말하는 경우가 많은데, 이것은 틀린 표현이에요. '찌개'라고 해야 맞는답니다.

아니요와 아니오

이런 문장을 많이 보았을 거예요. 〈맞는 것에는 '예', 틀린 것에는 '아니오'라고 말하세요.〉 하지만 여기서처럼 묻는 말에 부정으로 대답할 때는 '아니요'라고 해야 맞아요. 단, '당신은 철수가 아니오.'처럼 서술어로 쓸 때는 '아니오'라고 써야 한답니다.

029 꽃봉우리일까, 꽃봉오리일까?

소풍날이었어. 순돌이네 학교는 학교 앞산으로 소풍을 갔지.
순돌이와 미달이는 앞서거니 뒤서거니 하며 산을 올랐어. 산에는 온갖 꽃들이
막 피기 시작했지. 앞에 가던 순돌이가 소리쳤어.
"야! 꽃봉우리다."
"어디, 어디?"
미달이가 뛰어왔어.
"뭐야, 난 벌써 꼭대기에 온 줄 알았잖아!"
순돌이가 미달이를 쳐다봤어.
"올라온 지 얼마 되지도 않았는데, 무슨 꼭대기니? 산봉오리는 아직 멀었다고."
미달이는 순돌이를 쳐다보며 고개를 내저었어.
"야! 통째로* 틀린 거 알지? 넌 봉오리랑 봉우리도 구분 못 하냐?"
그때 선생님이 지나가며 순돌이 머리를 콩 쥐어박았대.
"이 녀석아, 미달이한테 좀 배워라, 배워."

소풍 가면서까지 혼이 난 순돌이는 무엇을 잘못했을까요?

64

꽃봉오리와 산봉우리

'꽃봉오리'는 아직 피어나지 않고 꽃망울만 맺힌 상태를 말해요. 간혹 '꽃봉오리'를 '꽃봉우리'라고 하는 경우가 있는데, 이건 틀린 말이에요. '봉우리'는 '산봉우리'를 나타낼 때 쓰는 표현으로 산의 가장 높이 솟은 부분을 말해요.

통째로와 통채로

'통째'란 나누지 않은 덩어리를 말해요.
그러므로 '통째로'는 '덩어리 전부'를 뜻하지요.
'통채로'는 틀린 말이에요.
'통째로'가 맞는 말이랍니다.

030 그릇을 씻는 것은 설겆이일까, 설거지일까?

물이 맑은 계곡에 젊은이 두 명이 놀러 왔어. 젊은이들은 물장구를 치고 놀다 보니 배가 고팠어. 그래서 집에서 싸 가지고 온 도시락을 먹었지.

"햇볕*도 좋고 공기도 맑고 물도 시원하고. 여기서 밥을 먹으니 꿀맛일세."

"맞아. 시장이 반찬이 아니라 경치가 반찬이야."

두 사람은 밥 한 톨 남기지 않고 싹싹 그릇을 비웠어.

"이렇게 맑은 물에 설거지를 하면 그릇도 투명해지겠는걸."

한 사람이 너스레를 떨었어. 하지만 다른 한 사람은 계곡 입구에 세워 놓은 <설겆이 금지>라는 표지판을 가리켰지.

"저것 봐. 여기서 설거지를 하면 벌금을 낼지도 몰라."

"나도 봤어. 하지만 내가 하는 건 설겆이가 아니야. 나도 할 말이 있다고."

조금 있으니 계곡 관리인이 호루라기를 불며 두 사람이 있는 쪽으로 달려왔어. 안절부절못하는 사람과 태연스럽게 그릇을 씻는 사람이 있는 쪽으로 말이야.

무슨 변명이 있기에 태연스럽게
설거지를 한 것일까요?

설거지

'설거지'란 음식을 담았던 접시나 그릇을 깨끗하게 닦는 것을 말해요. 예전에는 '설겆다'라는 동사에서 나온 '설겆이'라는 말을 썼어요. 하지만 '설겆다'라는 말이 없어지면서 '설겆다'에서 나온 '설겆이'라는 말도 의미를 잃었어요. 그래서 지금은 '설거지'가 표준어랍니다.

햇볕과 햇빛

'햇볕'과 '햇빛'은 어떻게 구분할까요? '빛'은 우리 눈에 보이는 것으로 밝고 어두운 것을 말해요. '볕'은 기운으로 느낄 수 있는 거예요. 그러므로 '햇볕이 따뜻하다.', '햇빛이 밝다.'라고 써야 맞는 표기랍니다.

031 윗도리에 윗옷, 윗옷에 덧입는 웃옷

부지런한 부인이 아침 일찍 일어나 청소와 설거지를 마치고 빨래를 해서 널어놓았어. 그리고 장을 봐 왔지. 그런데 아침에 널어놓은 옷 한 벌이 감쪽같이 없어진 거야.

"내 웃옷이 어디로 갔지? 얘들아, 여기 널어놓은 엄마 웃옷 보지 못했니?"

부인은 아이들에게 소리쳤어. 하지만 게으른 아이들은 늦잠을 자느라고 엄마가 빨래를 한 줄도 모르고 있었어.

"옷장에 있겠지요."

"세탁소에 맡겼겠죠."

하품을 하며 말하는 아이들에게 부인은 화가 나서 소리쳤어.

"분명히 아침에 빨아서 널어놓았는데 안 보여서 그러잖니!"

아이들은 어슬렁거리며 엄마의 웃옷을 찾기 시작했어.

한 아이는 보들보들한 긴 코트를 가져오고, 한 아이는 술이 달린 숄을 가져왔어.

"그게 아니라 웃옷이라니까!"

부인의 호통에 아이들은 불만이 이만저만이 아니었지.

"이게 웃옷이 아니면 웃옷이 대체 뭐야?"

모든 걸 지켜보던 수캉아지*가 자기 집으로 들어가며 한마디 했지.

"부인의 윗옷은 내가 우리 집 깔개로 썼는데⋯⋯. 월월!"

부인이 말한 '웃옷'의 의미는 무엇이었을까요?

윗옷과 웃옷

'윗옷'은 바지와 치마 같은 아래옷과 짝을 이루어 입는 옷을 말해요. '웃옷'은 윗옷 위에 덧입는 점퍼나 외투를 가리키지요. '윗'은 '윗니/아랫니', '윗도리/아랫도리', '윗입술/아랫입술', '윗옷/아래옷'처럼 위아래가 대립되는 말이 있을 경우에 써요. '웃'은 '웃어른'이나 '웃돈'처럼 위아래 대립되는 말이 없을 때 쓰지요.

수캉아지와 수놈, 숫양

동물은 암컷과 수컷으로 나누어져요. 이 중 수컷을 의미하는 '수'와 '숫'은 어떻게 구분해서 써야 할까요? 대부분은 수놈, 수소처럼 '수'로 써요. 수캐, 수탕나귀, 수탉, 수퇘지, 수평아리처럼 '수' 다음에 거센소리가 오는 것도 있답니다. 하지만 예외적으로 숫양, 숫염소, 숫쥐는 '수' 대신 '숫'을 써야 해요.

숫양, 숫염소,
숫쥐는
예외란다.

032 좋아하는 색은 빨강색일까, 빨강일까?

벽돌로 만든 막내 돼지네 집이 하도 오래돼서 수리를 하기로 했어.
지붕도 수리하고 굴뚝도 연기가 잘 나가도록 청소를 했어. 벽지도 새로 바르고
전등도 새것으로 갈았지. 이제 집 앞 울타리 페인트칠만 다시 하면 수리 끝.
막내 돼지는 무슨 색으로 울타리를 칠할까 고민을 하다가 형들을 불렀어.
"큰형, 울타리는 무슨 색으로 칠할까?"
"난 빨강색이 좋더라."
그러자 작은형이 말했어.
"아니야, 빨강은 안* 어울려. 노랑이 어울린다고."
막내 돼지는 빨강이든 노랑이든 다 좋을 것 같았어. 이제 선택만 하면 되는 거
야.
"빨강으로 해야겠어."
돼지 삼 형제가 빨강 페인트로 칠을 하는데 갑자기 큰형이 그러는 거야.
"그런데 아우들아, 빨강색이 맞냐, 빨강이 맞냐?"
삼 형제가 아무리 생각을 해도 어느 것이 맞는지 영 모르겠단 말이야. 뭐가 맞는
지 가르쳐 달라고요.

'빨강색'과 '빨강', 어느 것이 맞을까요?

70

빨강과 빨간색

기본 색을 이르는 말로 빨강, 주황, 노랑, 연두, 초록, 청록, 파랑, 남색, 보라, 자주, 분홍, 갈색, 하양, 회색, 검정이 있어요. 이들은 모두 '색'을 표현하는 말이에요. 그러므로 빨강색, 주황색, 노랑색 등은 색을 두 번 쓴 표현이기 때문에 틀린 말이에요. 색을 붙여 쓰려면 빨간색, 노란색, 하얀색 등으로 써야 맞는 표현이랍니다.

안과 않

'안'과 '않'은 모두 부정의 뜻을 가지고 있어요. '안'은 '아니'의 준말로 서술어 앞에 붙어 부정의 뜻을 나타내요. '않'은 '아니하다'의 준말로 형용사나 동사 뒤에 덧붙여 써요. '안 어울린다, 안 예쁘다', '예쁘지 않다, 일하지 않았다'와 같이 쓰지요.

71

033 뱀이 또아리를 틀었나, 똬리를 틀었나?

배고픈 뱀 한 마리가 개울가에서 팔짝팔짝 뛰놀고 있는 개구리를 발견했어. 뱀은 날렵하게 개구리를 낚아챘어.

"살려 주세요, 뱀 나리."

"난 배가 몹시 고프지만 네가 나처럼 또아리를 틀 수 있다면 봐줄 수도 있지."

개구리가 뱀처럼 할 수가 있나. 뱀은 개구리를 한입에 꿀꺽 삼켜 버렸지. 또 기어가는데 민달팽이를 만났어.

"살려 주세요, 뱀 어르신."

"나처럼 또아리를 틀 수 있다면 한 번은 봐주지."

하지만 몸이 짧은 민달팽이도 뱀처럼 하지는 못했어. 민달팽이도 뱀의 먹이 신세가 되었지. 그러다 뱀은 머리에 짐을 한가득 이고 가는 할머니를 만났어.

"할멈, 나처럼 또아리를 틀 수 있으면 할멈을 물지 않을게."

그러자 할머니가 머리에 인 짐을 내려놓더니 뭔가를 꺼내 보여 주는 거야.

"네 녀석이 내 성미를 돋우*는구나. 이 녀석아, 이게 바로 진정한 똬리다. 자꾸 또아리, 또아리 그러면 나한테 혼날 줄 알아!"

뱀이 똬리를 보니 정말 자기가 동그랗게 몸을 만 것보다 더 잘 말렸거든. 그러니 슬금슬금 옆으로 달아나며 혼자 생각에 잠겼지.

'저 똬리라는 것은 내 또아리랑 뭐가 다른 거야?'

'똬리'와 '또아리' 중 어느 말이 맞을까요?

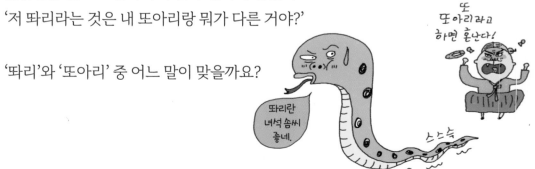

또 또아리라고 하면 혼난다!

똬리란 녀석 솜씨 좋네.

스느슥

따리

'따리'란 짐을 머리에 일 때 받치는 고리 모양의 물건이에요. 주로 짚을 꼬아 만들지만 천을 비틀어서 만들기도 해요. 뱀이 몸을 동그랗게 꼰 모양이 따리 모양과 비슷해서 뱀의 모양을 보고 '뱀이 따리를 틀었다.'라고 하지요. 뱀이 말한 '또아리'는 틀린 표현이에요.

돋우다와 돋구다

'돋우다'는 감정을 위로 끌어 올리거나 자극하여 일으킨다는 뜻이에요. 하지만 '성질 돋군다', '입맛을 돋군다'라고 잘못 사용하는 경우가 많아요. '성질을 돋우다, 입맛을 돋우다, 힘을 돋우다' 등이 맞는 표현이에요. '돋구다'는 '안경의 도수를 돋구다(올리다)'라고 할 때만 써요.

034 주책인 걸까, 주책이 없는 걸까?

받아쓰기 시험이 끝났어.

영심이는 어제 밤을 새우며 공부했는데 두 개나 틀렸지 뭐야. 너무 속상해서 점심시간 내내 책상에 엎드려 있었어.

그때 경태가 영심이 자리 옆으로 왔어. 만날 영심이보다 시험을 못 보던 경태가 오늘은 백 점을 받았지 뭐야.

"야, 오늘 받아쓰기 너무 쉽지 않았냐? 난 공부 하나도 안 했는데 다 맞았잖아."

그러면서 그렇게 쉬운 문제는 문제도 아니라는 둥, 자기가 워낙 국어를 잘한다는 둥 큰 소리로 떠드는 거야. 그 소리를 듣고 옆에 있던 아이들이 소곤거렸어.

"경태, 쟤는 참 주책이 없어."

하지만 경태는 눈도 깜짝 않고 또 잘난 척하며 그러는 거야.

"뭐, 내가 주책이라고? 내가 왜 주책이라는 거냐?"

그때 엎드려 있던 영심이가 오뚝이*처럼 벌떡 일어났어.

"네 말이 맞아. 넌 주책인 게 아니라 주책이 없는 거야. 네가 공부를 하든 말든 알 바 아니지만, 그렇게 국어를 잘한다면서 그것도 하나 구분 못 하니?"

경태는 영심이가 하도 무서워 그 자리에서 도망가긴 했지만 영심이가 한 말이 무슨 말인지 몰라서 하루종일 괴로웠대.

영심이 말이 정말 맞을까요?

넌 주책인 게 아니라 주책이 없는 거야. 알겠어?

영심이는 화나면 무서워.

74

주책없다

'주책없다'의 '주책'은 한자어 '주착(主着)'에서 나온 말이에요. 주착이 없다고 하면 주관이나 줏대가 없다는 뜻인데 이 말이 '주책'으로 소리가 변했어요. 어떤 상황에 맞지 않는 말이나 행동을 할 때는 '주책이 없다'라고 써야 맞습니다.

오뚝이와 오뚜기

'오뚝이'는 아무리 쓰러뜨려도 다시 일어나는 장난감을 말해요. 그런데 오뚝이를 '오뚜기'나 '오똑이'로 잘못 쓰는 경우가 많아요. '오뚝이'가 표준어랍니다.

알수록 재미있는 토박이말

할망구는 있는데, 할방구는 왜 없을까요?
꼬투리는 뭐길래 잡지 말라고 할까요?
재미있고 다채로운 표현의 토박이말.
그 속에 담긴 재미있는 이야기를 만나러 가볼까요?

035 개기는 토끼도 싫지만, 개개는 토끼는 더 싫다

토끼를 이긴 거북 알지? 이 거북 녀석이 아주 거만해졌어. 빠르기로 치자면 토끼도 빠지지 않는데, 그런 토끼를 경주에서 이겼으니 기세가 하늘 높은 줄 모르고 치솟은 거지.

"토끼들아, 그렇게 느릿하게 다니다간 여우에게 금세 잡아먹힐걸!"

거북은 토끼들에게 다가가 틈만 나면 놀려 댔어.

"쯧쯧, 자기 깜냥*도 모르고……. 너나 걱정하세요."

토끼들은 혀를 끌끌 차며 말했지.

어느 날, 제일 빠른 토끼가 풀을 뜯는데 거북이 엉금엉금 다가와 그러는거야.

"야! 너도 나하고 경주 한번 붙어 볼래?"

이 토끼가 유세 떠는 거북을 보자니 화가 치밀어 올라. 토끼로 태어나 뛰는 건 자신 있지만, 이 토끼 역시 잠자고 노는 것이 세상에서 가장 좋다고 생각하거든. 목소리 큰 짐승이 이긴다고 흠흠 힘주어 거북한테 말했지.

"어쭈, 느림보 거북 주제에 어디서 개기냐?"

"헉! 개기냐고? 이럴 때는 귀찮게 한다는 의미에 '개개다'라고 써야 한다고!"

이런, 이 토끼가 경주 안 하려고
꼼수를 쓰다 무식이 들통 나 버렸네.

토끼는 무슨 말을 잘못 썼을까요?

78

개개다

'개개다'는 원래 자꾸 맞닿아서 해지거나 닳은 상태를 뜻이었지만 지금은 어떤 것에 달라붙어 귀찮게 하거나 손해를 끼친다는 의미로 더 많이 써요. '개기다'는 말을 따르지 않고 버티거나 반항하는 모습을 속되게 지칭하는 말이랍니다.

얕은 수법은 꼼수, 낮은 능력은 깜냥

어떤 일을 해결하려고 할 때 "무슨 좋은 수가 없을까?"라고 하죠.
여기서 '수'란 일을 해결하는 방법을 말해요. '수' 앞에 '꼼'자를 붙인
'꼼수'는 아주 쩨쩨하고 얕은 수단이나 방법을 뜻하지요.
'깜냥'이란 어떤 일을 가늠하거나 해낼 수 있는 능력을 의미해요.
가령 "내 깜냥대로 했는데 결과는 알 수 없어."등으로 쓸 수 있답니다.

036 괴발개발 쓴 글씨는 있어도, 개발쇠발 쓴 글씨는 없다

조선 시대의 유명한 명필인 한석봉을 모르는 사람은 없을 거야.

석봉은 어렸을 때 너무 가난해서 종이 대신 집에서 쓰는 질그릇이나 항아리에 글씨 연습을 했대. 붓에 물을 묻혀서 말이야. 그러다 글 수양을 더 하려고 집을 떠났어.

몇 년이 지난 뒤에 석봉은 다시 집으로 돌아왔지. 집으로 들어오는 골목 들머리에서 석봉은 옷매무새*를 매만졌어. 애타게 아들을 기다린 어머니는 석봉을 반겼어. 그리고 아들의 글 솜씨가 얼마나 늘었는지 궁금해 호롱불을 끄며 말했지.

"나는 떡을 썰 테니 넌 글씨를 써라."

얼마 후 어머니는 다시 불을 켰어. 떡장수인 어머니가 썰어 놓은 떡은 나무랄 데 없이 가지런했지. 그런데 석봉의 글씨는 획이 고르지가 못하고 글씨도 비뚤배뚤 크고 작고 엉망이야.

"쯧쯧, 글씨가 개발쇠발이로구나."

어머니는 뒤도 안 돌아보고 석봉을 다시 밖으로 내보냈어.

석봉은 어머니 말씀대로 다시 집을 떠났지만 할 말은 하고 싶었어. 하지만 어머니가 상처를 받을까 봐 고개를 하나 넘은 후에야 그 말을 했대.

"어머니, 개발쇠발은 틀린 말이옵니다."

그 말이 메아리가 되어 온 산을 울렸다나.

석봉이 틀린 말이라고 한 '개발쇠발'은 어떻게 고쳐야 할까요?

괴발개발

'괴발개발'은 제멋대로 모양 없이 써 놓은 글씨를 말해요. 글자 모양이 마치 글자를 모르는 개나 고양이가 발로 쓴 글자 같다고 해서 생긴 말이랍니다. '괴발'은 고양이의 발을, '개발'은 개의 발을 말해요. '개발새발'이라고도 쓰지요. 그러나 '개발쇠발'은 잘못된 표현이에요.

옷매무시를 잘해야 옷매무새가 좋다

'옷매무새'란 옷을 다 입은 후 그 모양이 잘 되었는지 모양새를 살필 때 쓰는 말이에요. '옷매무시'는 옷을 입는 동안 옷을 매고 여미고 하는 행동을 말하지요. 그러므로 '옷매무새'란 옷을 다 입은 후 상태가 곱다, 단정하다란 말과 어울리는 말이고, '옷매무시'란 옷을 입을 때 치마는 돌아가지 않았는지, 단추는 잘 채웠는지 살펴보는 행동에 어울리는 말이에요.

037 옆으로 열면 미닫이, 앞뒤로 열면 여닫이

흥부가 형수에게 밥풀 묻은 주걱으로 볼따구니*를 맞기 전의 일이야.

먹을 것이 모자라 음식을 빌리러 간 흥부는 놀부에게 사정했어.

"형님, 아이들이 사흘을 굶었어요. 밥 좀 나누어 주세요."

"이게 벌써 몇 번째냐? 우리 집 쌀은 거저 생기는 줄 아느냐?"

그때 안방 미닫이가 열리더니 놀부 부인이 나왔어.

"세상에 공짜가 어디 있답니까? 내가 내는 문제를 풀면 밥을 드리지요."

평소에는 쌀쌀맞기 그지없는 형수님이 문제를 맞히면 밥을 준다니 얼마나 고마운 일이야. 흥부는 귀를 쫑긋 세우고 문제를 들었어.

"내가 지금 열고 나온 문을 뭐라고 하지요?"

'방문이 그냥 방문이지 뭐 달리 이름이 있나?'

흥부는 어리둥절한 채로 생각했지. 곡식을 살 돈도 없는데 배우는 데 쓸 돈이 있었겠어? 일자무식인 흥부에게 이보다 더 어려운 문제는 없었지.

그래서 문제를 못 푼 흥부는 밥풀 묻은 주걱으로 볼따구니만 맞고 집으로 돌아갔다는 이야기지.

형수님이 흥부에게 낸 문제의 답은 뭘까요?

미닫이와 여닫이

'미닫이'란 옆으로 밀어 열고 닫는 문을 말해요. 문을 밀어서 열고 닫는 일이란 뜻도 갖고 있어요. 이렇게 옆으로 밀어 열고 닫는 문도 있지만, 뒤로 밀거나 앞으로 당겨서 여는 문도 있어요. 이런 문은 '여닫이'라고 하지요.

볼과 뺨은 다르다!

볼따구니는 볼을 낮추어 이르는 말이에요.
그런데 볼과 뺨은 어떻게 다른지 알고 있나요?
볼은 뺨의 일부라고 할 수 있어요. '뺨'은 가로로는
코와 귀 사이의 부분, 세로로는 관자놀이에서
아래턱까지의 부분이에요. 이에 비해 '볼'은
광대뼈 아래 살이 많은 부분이지요.

038   갈무리를 잘 해야 사랑 받는다?

열두 시가 넘으면 다시 제 모습으로 돌아가는 신데렐라 이야기는 다 알 거야.
신데렐라가 급하게 서두르느라 벗어진 한쪽 구두를 못 챙기고 계단에 놓고 갔
잖아. 그 구두의 주인공을 찾은 왕자 덕분에 왕비가 되긴 했지만.
이건 그 뒷이야기인데, 신데렐라와 결혼한 왕자는 점점 힘들어지기 시작했대.
왜냐고? 갈무리를 못하는 신데렐라 때문이지.
신데렐라 구두뿐 아니라 다른 물건도 잘 챙기지 못했어. 툭하면 물건을 잃어버
리기 십상이었지. 겨울이 가고 봄내* 신데렐라는 쓰던 마스크를 집안 곳곳에 늘
어놓았어.
신발 한 짝을 흘릴 때부터 알아봤어야 했는데!
참고 참다가 왕자가 신데렐라에게 한마디 했어.
"부인, 한가지 부탁이 있소. 부인이 갈무리만 잘하면 정말 좋겠소."
"갈무리요? 갈무리가 무엇인데요?"
더 어처구니가 없어진 왕자는 신데렐라에게 숙제를 내 주었대.
"갈무리의 뜻을 알고 그대로 행동하지 않으면 다신 당신을 보지 않겠소!"
신데렐라는 과연 숙제를 잘 해냈을까?

갈무리를 못한 신데렐라.
'갈무리'가 무엇이기에 그랬을까요?

흥!

전에는 그저
다 괜찮다더니,
흑흑.

풀썩

갈무리

'갈무리'란 일을 처리하여 마무리한다는 뜻이에요. 또 물건을 잘 정돈하여 간수한다는 뜻으로도 쓰이지요. 갈무리를 못하는 사람은 어떤 물건을 다시 쓰려고 할 때 찾기가 힘들겠죠?

봄내, 여름내, 가으내, 겨우내

'내'는 '처음부터 끝까지 계속해서'라는 뜻이에요.
"그 식당은 일 년 내 영업을 해."와 같이 쓰지요.
혹은 계절 뒤에 붙여 '봄 동안'은 '봄내'로, '여름 동안'은
'여름내'로 쓰지요. 하지만 가을과 겨울 뒤에 붙으면
좀 달라져요. '가을내', '겨울내'가 아니라 '가으내',
'겨우내'로 써야 맞답니다.

039 꼬투리를 어떻게 잡을까?

지혜로운 재판관이 마을을 지나는데 한 사내가 길가에서 울고 있지 뭐야.
"여기서 왜 울고 있소?"
그 사내 말이, 자기는 기름 장수인데 돈을 바구니에 넣어 돌 위에 놓고 잠이 들었는데, 그사이에 누가 돈을 가져가 버렸다는 거야.
재판관은 기발한 생각이라도 난 듯이 불호령을 내렸어.
"범인은 바로 이 돌이다. 이 돌을 당장 끌고 가라."
사람들은 어리둥절했지만 우선 돌을 꽁꽁 묶어 관아로 끌고 갔어.
"바른말을 할 때까지 돌을 매우 쳐라!"
한낱 돌덩이에게 웬 덤터기*야? 사람들은 모두 히득거렸지. 그러자 재판관이 화가 나서, 자기를 비웃은 사람들에게 벌금으로 동전 한 닢씩 내라는 거야. 물을 가득 채운 항아리에 말이야. 사람들은 항아리에 동전을 한 닢씩 떨어뜨렸어. 그런데 턱수염 사내가 동전을 떨어뜨리자마자 재판관이 소리를 치는 거야.
"이놈 잡아라! 이놈이 범인이다."
그 사내를 잡고 보니, 품속에서 동전이 우르르 나와.
재판관은 기름 장수의 돈엔 기름이 묻었을 테니 동전을 떨어뜨릴 때 기름이 뜨나 안 뜨나 지켜본 거야. 꼬투리 잡힌 사내는 뒤늦게 후회했지만 소용없었지.

'꼬투리'는 무슨 뜻일까요?

꼬투리

동전에서 나온 기름같이 어떤 사건의 실마리나 단서를 '꼬투리'라고 해요. '꼬투리를 잡다.'라고 쓰면, 어떤 일의 단서를 알아낸다는 뜻이 되지요. '말꼬투리를 잡다.', '꼬투리를 잡아 괴롭힌다.'처럼 남을 해코지하거나 헐뜯을 만한 거리를 나타낼 때도 '꼬투리'를 쓴답니다.

누명을 쓰면 덤터기, 슬쩍 빼면 발뺌

남 대신 자기가 억울한 누명을 쓰면 흔히 '덤테기를 썼다.'라고 하는데 틀린 표현이에요. '덤터기'가 맞는 표현이랍니다. '덤터기'는 남에게 넘겨받은 허물이나 걱정거리를 말해요. '덤터기'와 반대로 쓰는 말은 '발뺌'이에요. 어떤 책임질 일을 해 놓고 슬쩍 빠지는 것을 뜻하지요.

040 터줏대감은 귀신일까, 사람일까?

어느 마을에 장터에서 소금을 파는 노인이 있었지. 노인은 입버릇처럼 말했어.
"나는 이 마을뿐 아니라 이 장터의 터줏대감이야. 누구든 장사를 하려면 나한테
알려야 해!"
사람들은 울며 겨자 먹기로 쌀을 판다, 항아리를 판다, 고무신을 판다고 일일이
노인에게 허락을 맡았어.
그러던 어느 날, 소금을 팔겠다는 젊은이가 나타났어.
"뭐, 소금을 팔겠다고? 말도 안 되는 소리! 소금을 팔려면 딴 마을에서 팔아!"
젊은이는 하는 수 없이 떠돌이 소금 장수 신세가 되었어.
몇 년이 지났을까? 젊은 떠돌이 소금 장수가 다시 마을로 돌아왔어. 고생을 너
무 해서 행색이 말이 아니었지. 마을로 들어선 젊은 소금 장수는 노인을 만났어.
"아니, 자네가 여긴 또 웬일인가?"
그러자 그간 노인에게 쌓인 게 많은 젊은이도 한 소리 했지.
"아이고, 이 마을 귀신* 아니십니까?"
"뭐, 뭐라고? 귀신? 이 사람이 아직 살아 있는 사람보고 귀신이라니!"
노인은 분해서 펄쩍펄쩍 뛰는데 젊은 소금 장수는 더 당당하게 말했어.
"귀신보고 귀신이라고 하는데, 뭐가 잘못입니까?"

젊은 소금 장수는 정말 노인이
죽었다고 생각했을까요?

88

터줏대감

'터주'는 집터를 지키는 귀신을 가리켜요. 예부터 우리 조상들은 집터를 중요하게 여겼어요. 그래서 터주를 위해 터주항아리를 마련해 곡식을 바쳤답니다. '터줏대감'은 마을이나 직장 등에서 가장 오래된 사람을 이르기도 하지요.

가위, 그슨대, 손은 나쁜 귀신들

잠을 자면서 무엇에 눌린 듯 숨이 가빠지고 꼼짝하지 못할 때 '가위 눌렸다'라고 해요. 여기서 '가위'는 사람을 누르는 귀신을 말해요. 캄캄한 밤에 갑자기 나타나서 사람을 놀라서 죽게 하는 귀신은 '그슨대'라고 하지요. 또, 이사 갈 때나 결혼할 때 '손 없는 날'을 잡는다는 이야기를 들어 본 적이 있을 거예요. 날을 골라서 사람을 따라다니며 훼방 놓는 귀신을 '손'이라고 한답니다.

041 헛똑똑이는 똑똑이일까, 멍청이일까?

"살려 주세요! 살려 주세요!"

호랑이가 함정에 빠졌지 뭐야. 지나가다 이 모습을 본 나무꾼은 호랑이가 잡아먹지 않겠다고 하자 나무줄기를 엮어 호랑이를 꺼내 주었어. 그런데 호랑이는 시치미*를 떼며 나무꾼을 잡아먹으려고 했어.

"은혜도 모르는 호랑이야, 날 잡아먹지 않겠다고 약속했잖아!"

"똑똑한 호랑이들은 그렇게 말하지. 네가 나라도 그렇게 했을걸."

"말도 안 돼! 그럼 누구 말이 옳은지 확인을 해 보자!"

나무꾼은 지나가는 소에게 물어봤어.

"내게 일만 시키고 나중엔 잡아먹는 사람보다 호랑이 말이 옳아."

나무에게도 물어봤어.

"맑은 공기와 먹을 것을 주는데도 도끼로 찍는 사람보다 호랑이 말이 옳지."

나무꾼은 울상이 되었어. 그때 토끼가 지나가며 사연을 처음부터 자세히 말해 보라는 거야.

그래서 처음처럼 호랑이는 스스로 함정 속에 다시 빠져서 설명하기 시작했어.

"내가 여기서 살려 달라고 외쳤는데 말이야……."

토끼는 나무꾼을 보며 말했어.

"호랑이는 사실 헛똑똑이죠. 이제야 공평하게 됐네요!"

호랑이가 '헛똑똑이'라니 똑똑하다는 걸까요, 멍청하다는 걸까요?

호랑이는
헛똑똑이
라니까요.

살려 줘!

토끼야,
고마워!

90

헛똑똑이

'헛똑똑이'는 겉으로는 똑똑한 척하지만 실제로는 똑똑하지 못한 사람을 가리키는 말이에요. 다른 사람을 무시하고 혼자만 잘났다고 떠드는 사람을 가리킬 때는 '윤똑똑이'라고 한답니다.

시치미 떼고 약 올리기

'시치미 떼다'는 '알면서도 모르는 체하는 것'을 말해요. 고려 때 매사냥이 유행했는데, 자기 매를 잃어버리지 않으려고 매에 소뿔로 만든 '시치미'를 달았어요. 시치미를 떼어 내면 누구의 매인지 알 수 없었기 때문에 '시치미를 떼다'는 알면서도 모르는 체한다는 뜻이 되었답니다. 매를 잃어버린 사람은 '약이 올라' 머리에서 김이 났어요. '약이 오르다'라는 말은 고추 같은 식물이 자라서 맵거나 쓴맛이 강해지는 성질을 말해요. 그 말이 변해 화가 나는 일을 당했을 때 '약 오르다'란 말을 써요.

042 90세까지 살고 싶은 할망구

"거울아, 거울아! 이 세상에서 누가 가장 아름답니?"

"그야 당연히 백설 공주님이죠."

백설 공주가 죽은 줄로 알고 있던 새 왕비는 노인으로 변장해서 독이 든 사과를 가지고 백설 공주를 찾아갔지.

"이보시오, 아무도 안 계시오?"

"누구세요? 아무에게도 문을 열어 주지 말라고 난쟁이들이 신신당부했어요!"

백설 공주가 문을 꽁꽁 잠그고 안 열어 주자 새 왕비는 달콤한 목소리로 말했어.

"이 할망구가 달콤한 사과를 가져왔는데 한 개 주고 싶어 그런다우."

백설 공주는 문틈으로 살짝 엿보았어. 그런데 할망구 같기도 하고 아닌 것 같기도 한 게 알쏭달쏭*하단 말이야.

"할망구라고요? 아직 젊어 보이는데요? 노인이라고 다 할망구는 아니에요."

'노인이 할망구가 아니면 대체 뭐란 말이야?'

새 왕비는 이렇게 생각하면서 더 노인 흉내를 냈어. 착한 백설 공주는 결국 문을 열어 주었지. 그리고 모두 알다시피 백설 공주는 독이 든 사과를 먹고 쓰러졌어. 그러니까 모르는 사람에게는 절대 문을 열어 주면 안 된다는 얘기야.

그런데 노인을 '할망구'라고 한 것이 왜 거짓말일까요?

할망구가 가져온 사과 좀 드셔 보우.

망구

'망구'란 81세를 가리키는 말이에요. 옛날에는 오래 사는 사람이 많지 않았어요. 그래서 81세가 되면 90세까지 살기를 바라는 마음으로 '망구'라고 했어요. 할망구란 '망구'를 바라는 할머니란 뜻이에요. 61세는 '망칠', 71세는 '망팔', 91세는 '망백'이라고 합니다.

알쏭달쏭, 알쏭알쏭?

'알쏭달쏭'과 '알쏭알쏭'은 둘 다 그런지, 그렇지 않은지 분간이 안 된다는 말이에요. 비슷한 말로 '긴가민가'도 있어요. 또 '알쏭달쏭'과 '알쏭알쏭'은 '여러 가지 색깔로 된 줄이나 점이 아무렇게나 무늬를 이룬 모양'을 뜻하기도 하지요. 이 경우에는 '알쏭달쏭 고운 무지개'와 같이 쓸 수 있답니다.

043 건강해 질 사람, 동아리로 모여라

마트에 간 점순네가 용이네를 보고는 깜짝 놀라 걸음을 멈추었어. 못 본 사이에 용이네 살이 쫙 빠져 있는 거야. 혈색도 아주 좋아보였지.

"요, 용이네, 어떻게 그렇게 살을 빼고 피부도 좋아진 거유?"

"우리 동네에 새로 생긴 건강 동아리에 들어갔잖우."

점순네는 항아리는 들어봤어도 동아리란 것은 들어본 적이 없거든. 그래도 자존심을 지키려고 아는 척을 했지.

"아! 그랬구만!"

그러고는 속으로 생각을 했어.

'동아리가 새로운 항아리인가 보네. 근데 우리 동네에 언제 건강 항아리 파는 데가 생긴 거래? 건강해지는 항아리가 대체 어떤 거지?'

점순네는 항아리 파는 데를 죄다 찾아다니며 물었어.

"여기가 건강 항아리 파는 데유?"

아무리 물어도 알 길이 있나. 그래서 점순네는 몰래 용이네 집에 들어갔지.

마침 새* 항아리가 눈에 띄길래 냉큼 들어가 앉았어.

'여기 있으면 용이네처럼 된다 이거지?'

점순네는 과연 용이네처럼
살도 빠지고 피부도 좋아졌을까요?

동아리

'동아리'란 사람들이 같은 목적을 갖고 모인 단체를 말해요. 항아리와는 전혀 상관없는 말이지요. 글쓰기를 목적으로 모였다면 글쓰기 동아리, 축구를 하기 위해 모였다면 축구 동아리, 반려동물을 키우기 위해 모였다면 반려동물 동아리라고 해요.

새것은 새로운 것이 아니다

우리가 자주 쓰는 말 중에 '새'가 있어요. '새'는 '새 친구, 새 연필, 새 신발'처럼 새로 생겨난 것을 말해요. 그런데 가끔 '새로운'을 '새 것'의 의미로 쓰기도 해요. 하지만 '새로운'은 없던 것이 생긴 게 아니라, 있던 것이 달라진 경우를 말한답니다. '새로운 마음, 새로운 다짐, 우리 마을이 새롭게 보인다.' 등으로 쓰지요.

044 모르쇠를 잡는 혹부리 영감

어느 날, 착한 혹부리 영감이 나무하러 산에 갔다가 길을 잃고 말았어. 산속을 헤매다 작은 오두막을 발견했는데 오두막이 너무 어둡고 무서운 거야. 그래서 혹부리 영감은 무서움을 달래려고 노래를 불렀지.

그때였어. 어디선가 도깨비들이 혹부리 영감 앞에 나타나서는 그러는 거야.

"어디서 그렇게 구성진 노랫소리가 나오는 거요?"

영감은 너무 무서워서 모르쇠를 잡으며 가만있는데 글쎄, 도깨비들은 영감의 혹을 노래 주머니로 생각한 거야. 그래서 혹을 떼서 자기네가 갖고 대신 금은보화를 선물로 주었지.

이 얘기를 들은 옆 마을 욕심쟁이 혹부리 영감이 자기도 금은보화가 탐나거든. 그래서 으슥한 밤에 그 오두막에 가서 노래를 부르며 도깨비를 기다렸지.

하지만 혹이 노래 주머니가 아니라는 사실을 알아차린 도깨비가 혹을 떼 가기는커녕 착한 혹부리 영감의 혹까지 욕심쟁이 영감에게 붙여 주었단다.

복불복*이라더니 누군 보물을 얻고 누군 혹을 하나 더 붙일지 누가 알았겠어? 그러니 착하게 살아야 복이 온다는 이야기지.

착한 혹부리 영감이 모르쇠를 잡았다는데 '모르쇠'는 무슨 말일까요?

에구구구! 아파요. 그만 때려요. 잘못했어요.

혼 좀 나 봐라!

모르쇠

'모르쇠'란 아는 것이나 모르는 것이나 다 모른다고 잡아떼는 것을 말해요. 다른 사람이 괴롭힘을 당하는데 모르는 척하는 경우, '그 사람은 범인을 알면서도 모르쇠를 잡았어.'와 같이 쓸 수 있답니다.

같은 처지라도 복불복이다

'복불복(福不福)'은 복이 있을 수도 있고, 없을 수도 있음을 뜻하는 말로 사람에 따라 운수가 좋고 나쁨의 차이가 있다는 말이랍니다. 잘하거나 못하는 것과 상관없이 온전히 운에 따라 복을 받고 못 받고가 달려있다는 뜻이지요.

045 시나브로 빈털터리가 된 총각

옛날, 시골 어느 마을에 구메구메* 돈을 많이 모은 총각이 살았어. 총각은 돈이 모이자 벼슬까지 하고 싶은 욕심이 생겼지. 그래서 돈을 내면 벼슬을 준다는 대감을 찾아갔어.

"대감, 이 돈을 받으시고 작은 벼슬자리 하나 생기거든 저를 주십시오."

이렇게 해서 총각은 대감 댁 사랑방에서 하루 이틀 먹고 자는데, 일 년이 지나도 소식이 없어. 바친 돈이 적나 해서 돈을 더 바쳤지. 그런데도 소식이 없자 돈을 또 갖다 바쳤어. 시나브로 빈털터리가 된 총각은 결국 대감 댁에서 쫓겨나고 말았어.

총각이 후회하며 걷고 있는데 웬 노인이 참외를 한 소쿠리 먹고 있거든. 목이 마른 총각은 참외 하나만 달라고 부탁했어. 노인이 하는 말이 거저 줄 수는 없으니 망태를 뒤집어쓰라는 거야. 총각은 망태를 뒤집어썼지. 그런데 그게 욕심 많은 사람이 쓰면 돼지가 되는 망태였던 거야. 총각은 울며불며 난리를 피웠는데, 그 와중에도 목이 말라 참외를 집어먹으니 다시 사람으로 되돌아와.

'아! 바로 이거다!'

총각은 대감 댁에 가서 자고 있는 대감에게 망태를 씌웠어. 그러니 돼지가 된 대감이 울고불고 난리가 났지. 사람이 되게 해 주는 조건으로 총각은 자기 재산을 모두 찾을 수 있었대. 그리고 두 번 다시 벼슬 살 생각은 꿈도 꾸지 않았대.

시나브로 빈털터리가 되었다는데
'시나브로'는 무슨 뜻일까요?

내 돈 다 내놔!

아이고, 드릴게요.

시나브로

'시나브로'란 '알지 못하는 사이에 조금씩 조금씩'이란 뜻이에요. 유명한 운동선수나 음악가도 한순간에 유명해진 것이 아니에요. 열심히 연습하다 보니 시나브로 성장해서 유명해진 거랍니다.

구메구메 공부를 하다

'구메구메'란 '남모르게 틈틈이'란 뜻이에요. '구메'는 '구멍'의 옛말이랍니다. 대체로 구멍은 눈에 잘 띄지 않는 곳에 있어요. 그래서 '남모르게'란 뜻을 가지게 되었답니다. "전교 1등은 구메구메 공부를 한대."와 같이 쓸 수 있어요.

046 끼니 해결하려다 끼니가 된 사연

어느 날, 먹잇감을 쫓아 이리저리 뛰어다니던 이리가 목동이 끌고 나온 양 떼를 보면서 생각했어.

'내가 저 양 무리 속에 있으면 이렇게 고생하지 않아도 될 텐데.'

이리는 목동을 속이려고 양가죽을 뒤집어썼어. 그리고 슬며시 풀밭으로 가서 양 떼 속으로 들어갔지. 다행인지 불행인지 이리는 목동에게 들키지 않았지.

하루 종일 양 떼를 돌보던 목동은 밤이 되자 양 떼를 우리 속에 넣었어. 이리도 양들과 함께 우리에 들어갔지. 목동은 양들이 나오지 못하도록 우리 문을 걸어 잠그고 문단속을 했어.

'흐흐흐, 이게 웬 떡이냐!'

이리는 배가 많이 고팠지만 덜컥 양을 잡아먹었다간 당장 목동에게 들킬 거라고 생각하며 꾹 참았어. 그래서 때를 기다리기로 했지. 이제나저제나 목동이 잠들기만 기다리는데, 갑자기 우리 문이 열리는 거야. 배빼한* 목동이 오랜만에 저녁 끼니로 양고기를 먹기로 한 거지. 그런데 글쎄 목동이 잡은 양이 바로 이리였다지 뭐야. 자기 꾀에 자기가 당하다니, 참 불쌍한 녀석이야.

끼니 때문에 죽게 된 이리.
'끼니'가 무슨 뜻일까요?

100

끼니

'끼니'란 아침, 점심, 저녁의 일정한 시간에 먹는 밥을 말해요. 제때 밥을 못 먹었을 때는 '끼니를 거르다'라는 표현을 써요. 또 '한 끼, 두 끼'처럼 수량을 나타내는 말 뒤에 '끼'를 써서 식사 횟수를 나타내기도 해요.

사람은 빼빼, 식물은 깨깨

몸에 살이 없어서 몹시 마른 사람을 '빼빼 말랐다'고
하지요? 이렇게 야위고 마른 모양을 가리켜 '빼빼'라고 해요.
이 말과 비슷한 뜻으로 쓰는 말로 '깨깨'가 있어요.
똑같이 마르고 여위었다라는 뜻이지만, '깨깨'는 식물이
마른 경우에도 쓴다는 점이 다르답니다.

047 마름질도 모르고 옷을 만든다고?

조금만 움직여도 땀이 뻘뻘 나는 더운 나라가 있었어. 이 나라 왕은 나랏일엔 관심도 없고 새옷 입기만 좋아했지. 그런데 땀 때문에 암만해도 옷맵시가 나지 않는 거야. 어느 날, 이 소문을 들은 내로라하는* 사기꾼 두 명이 왕을 찾아왔어.

"폐하, 저희가 세상에서 가장 시원한 옷을 만들어 드리겠습니다."

왕은 무척 기뻐하며 옷 짓는 대가로 비싼 보석이며 옷감을 많이 주었지.

"일단 옷을 만드는 시늉이나 하자."

왕이 오면 두 사람은 옷감을 자르는 척했어. 며칠 후 두 사람은 왕을 찾아갔어.

"폐하, 세상에서 가장 시원한 옷입니다."

하지만 왕의 눈에는 옷이 보이지 않았어. 왕은 이웃 왕처럼 망신을 당하는 게 아닌가 해서 두 사람에게 물어보았어.

"너희가 마름질하던 옷이 바로 이거냐?"

그런데 사기꾼이 마름질이란 말을 알 턱이 있나. 두 사람이 우물쭈물하자 왕은 두 사람이 사기꾼임을 눈치챘어.

"당장 저 둘에게 세상에서 가장 두꺼운 옷을 입혀 감옥에 가두어라!"

두 사람은 죽을 때까지 땀띠 때문에
고생했다지?

'마름질'은 무슨 뜻일까요?

마름질

'마름질'이란 옷감이나 나무, 종이 등을 치수에 맞게 자르는 일을 말해요. 옷이나 가구를 만들 때 첫 번째 할 일이 정해진 치수에 맞게 자르는 일이에요. 흔히 쓰는 '재단'이라는 한자어와 같은 뜻이랍니다.

내로라하는 수학 천재

'내로라하다'는 어떤 분야를 대표할 만하다라는 뜻이에요. 이 말은 '나이로다라고 하다'가 줄어든 말이지요. 즉, 누가 최고냐고 물으면 "나요!"라고 말할 수 있는 사람이란 뜻이에요.
가령 "올림픽은 전 세계에서 내로라하는 선수들이 모인 대회야."와 같이 쓸 수 있지요.

048 옳으니 그르니 티격태격, 실랑이

이몽룡이 과거 시험을 치르러 갔을 때의 일이야.

열심히 공부한 덕에 몽룡은 과거 시험에 합격했지. 몽룡은 예복을 갖추어 입고 합격 발표를 기다리고 있었지. 관리가 큰 소리로 말했지.

"신래위!"

합격증을 받으러 나가는 몽룡의 얼굴에 환한 웃음이 번졌지. 그때였어. 주위에 있던 사람들이 몽룡을 붙잡기 시작하더니 몽룡의 옷을 찢고, 얼굴에 먹칠도 했어. 그러고는 이리 와라 저리 가라 하면서 합격증을 받지 못하게 막는 거야.

"이게 뭐하는 짓이오!"

몽룡은 화가 났어. 그런데 사람들은 합격한 사람들을 괴롭히는 게 과거 시험의 관습이라면서 계속해서 몽룡을 괴롭혔지.

"아무리 관습이라 해도 잘못된 것은 없애야 하는 것 아니오!"

몽룡은 두 눈을 번쩍이며 근엄하게 말했어.

몽룡은 몇 시간 동안 실랑이*를 벌이다가 벼슬에 오르면 꼭 이런 관습은 없애야지 다짐하면서 집으로 돌아갔대.

'실랑이'가 왜 '신래위'에서 온 말인지 아직 그 이유를 모르겠다고요?

실랑이

'신래(新來)'란 과거 시험에 합격한 사람을 뜻하는 말인데, 합격증을 주기 위해 부를 때 '신래위'라고 했어요. 이 때 먼저 합격한 선배들이 합격증을 받지 못하게 합격자를 붙잡아 놓고 놀리는 관습이 있었는데, '실랑이'는 바로 이런 모습에서 나온 말이에요.

한쪽이 우세하면 실랑이, 양쪽이 팽팽하면 승강이

'승강이'도 '실랑이'처럼 자기 주장이 옳다고 옥신각신하는 것을 말해요. 하지만 '승강이'는 양쪽 의견이 팽팽하게 맞서는 경우에만 써요. 예를 들어 택시를 먼저 타려고 옥신각신할 때는 '실랑이'를 벌이는 게 아니라 '승강이'를 벌인다고 해야 맞는 말이랍니다. 그리고 '실랑이' 대신 '실갱이'를 쓰는 경우도 있지만, 이건 틀린 말이에요.

049 작지만 힘이 좋고 암팡지다

황희 정승은 청렴하기로 소문난 조선 시대의 문신이야. 어느 날, 황희 정승이 길을 가다가 소 두 마리를 몰며 일하는 농부를 보았어.

황희 정승은 갑자기 궁금한 것이 떠올라서 농부에게 물었지.

"이보시오, 검은 소와 누런 소 가운데 어떤 소가 일을 더 잘하오?"

하지만 농부는 황희 정승을 힐끗 쳐다볼 뿐 아무 말이 없는 거야.

황희 정승은 기분이 나빴지만 더는 묻지 않기로 했어. 한참을 걸어가는데 아까 그 농부가 헐레벌떡 뛰어오는 거야. 그러면서 말하기를,

"선비 나리, 아까는 죄송했습니다. 소들이 바로 옆에 있어서 대답을 할 수가 없었지요."

"그게 무슨 말입니까?"

"아무리 짐승이라도 누가 낮고 못하다는 말을 들으면 기분이 좋을 리가 없겠지요. 누런 소가 몸집은 작지만 아주 암팡집니다요. 그에 비해 검은 소는 가끔 게으름*을 피우지요."

농부의 말에 황희 정승은 크게 깨달았어.

"미안하다니요. 당신의 깊은 뜻을 모르고 물어본 내 잘못이 크지요."

그 뒤부터 황희 정승은 자기보다 아랫사람일지라도 함부로 대하지 않았대.

'암팡지다'는 어떻다는 걸까요?

암팡지다

'암팡지다'는 몸은 작지만 힘이 있고 다부지다는 말이에요. 키가 작은 사람이라도 운동으로 몸을 다지면 힘이 좋고 체격이 다부져 보이지요. 할 말이 있을 때 주저하지 않고 바른말을 하는 아이에게도 암팡지다는 말을 쓴답니다.

꽃은 피고, 게으름은 피우고

'피다'와 '피우다'는 잘 구분해서 써야 해요.
'피다'는 '꽃이 피다.'처럼 주어만 있어도 문장이 완성되지만 '피우다'는 '소가 게으름을 피운다.'처럼 '무엇을'을 뜻하는 목적어가 반드시 있어야 한답니다.
다시 말해, '불이 잘 피지 않는다.', '이제 살림이 좀 핀다.'와 '술 취한 사람이 소란을 피운다', '아이들이 웃음꽃을 피운다.'와 같이 쓰면 되는 것이지요.

050 오롯이 전해 오는 감동

고려를 세운 태조 왕건은 다들 알고 있을 거야. 이 일화는 왕건이 고려를 세우기 전의 일이지. 그날도 왕건은 싸움에서 이기고 말을 타고 집으로 돌아오는 길이었어. 오랜 여정에 지친 왕건은 목이 말라 우물가에 섰지. 마침 한 여인이 물을 긷고 있었어.

"내가 몹시 목이 마르니 물 한 바가지만 떠 주시오."

왕건은 여인에게 정중하게 부탁했어. 여인은 바가지 가득 물을 떴지. 그러고는 물이 든 바가지에 버들잎을 한 잎 띄워 왕건에게 주었어. 바가지를 받아 든 왕건은 그 까닭이 궁금했지.

"물에 버들잎을 띄운 이유가 무엇이오?"

"급히 마시다 체하시지 않게 하기 위함입니다."

여인의 마음이 오롯이 담겨 있는 바가지였어. 왕건은 여인의 슬기로움에 반해 버렸지.

"짜장*, 현명한 여인이로세!"

그래서 왕건은 왕이 된 후에 그 여인을 부인으로 삼았대. 그 부인이 바로 신혜 왕후인 유씨 부인이야.

'오롯하다'는 무슨 뜻일까요?

체하면 안 되니까.

오롯하다

'오롯하다'라는 말은 남거나 처지는 것이 없이 온전하다라는 뜻이에요. 책 중에는 성인들의 가르침이 '오롯이' 담겨 있는 책이 있어요. 또 어떤 영화를 본 후 감동을 받았을 때, 그 감동을 '오롯이' 가슴에 담았다고 쓰기도 하지요.

짜장 맛있어?

'짜장'은 '과연', '정말로'라는 뜻을 가지고 있어요. '짜정'이라는 말에서 왔다고 해요. '진짜'의 '짜'와 '정말'의 '정'을 합친 말이라고 추정하지요. 이 낱말에서 연상되는 짜장면과는 아무 연관이 없답니다.

051 생때같은 우리 아가

산속 깊이 사는 호랑이 한 마리가 산* 밑으로 내려왔어. 호랑이는 뭐 먹을 게 없나 어슬렁거리다가 한 젊은 농부를 발견했지.

생때같은 농부가 땀을 뻘뻘 흘리면서 밭에서 일을 하고 있는데, 윗도리를 다 벗고 일을 한단 말이야. 호랑이가 그 모습을 보고는 이렇게 생각했어.

'히히, 이게 웬 떡이야? 내가 잡아먹기 좋으라고 옷까지 벗었네.'

농부가 더우니까 옷을 벗은 거지, 호랑이 잡아먹기 편하라고 옷을 벗었나? 그래도 호랑이는 자기 편한 대로 생각을 하고는 너무 기분이 좋아서 킥킥거렸어.

그런데 이 웃음이 한번 나오니 계속해서 나와. 웃음을 못 멈추겠는 거야. 계속 웃었다가는 농부가 눈치채고 도망갈 것 같고 해서 다른 데 가서 웃으려고 꾹 참고 산을 하나 넘어갔어.

호랑이는 산속에서 떼굴떼굴 구르며 나머지 웃음을 다 웃었어. 웬만큼 웃고 나니 이제는 농부를 잡아먹을 일만 남았지. 그래서 다시 산 밑으로 내려와 보니 농부가 없는 거야.

있을 턱이 있나. 농부는 벌써 일 끝내고 집으로 돌아갔지.

'생때같은' 농부는 어떤 모습의
농부를 가리킬까요?

여기 있던 농부 못 봤냐?

일 끝내고 집에 가던데요.

110

생때같다

'생때같다'는 몸이 튼튼하고 병이 없는 것을 가리키는 말이에요. '생때'는 '생대'
에서 나온 말로 대나무를 뜻하지요. 그래서 곧고 단단한 대나무같이 몸이 튼튼
한 사람을 가리켜 '생때같다'고 해요.

산의 토박이말은 무엇일까?

산을 뜻하는 토박이말은 '뫼'예요.
옛날에는 산 대신 '뫼'라는 말을 자주 사용했지만
지금은 잘 쓰지 않아요. 그리고 강이나 호수를
뜻하는 토박이말은 '가람'이랍니다.

052 비뚤어진 것을 똑바로 바루다

어느 날, 거북이 하늘을 나는 독수리를 보았어. 그 모습이 너무나 멋져 보였지.
독수리가 바닥에 내려앉자, 거북이 말했어.
"독수리야, 나에게 나는 법 좀 가르쳐 줄래?"
독수리는 어이가 없었어.
"넌 날개가 없어서 날지 못해."
거북의 생각에는 자기도 조금만 연습하면 날 수 있을 것 같은데, 독수리 말이 서
운하기만 하단 말이야. 그래서 독수리에게 빈정거렸어.
"너처럼 비딱하게 나는 새는 처음 봐. 날개를 활짝 펴고 자세를 바루고 날아 봐."
새 중의 으뜸*이라는 별명처럼 독수리는 어떤 새보다 나는 자세가 멋지다고 생
각했는데, 거북의 말을 들으니 화가 나는 거야.
"그래? 그렇담 내가 나는 법을 알려 줄 테니 네가 멋지게 한번 날아 보시지."
그러면서 독수리는 거북을 발톱으로 붙든 채 높이 날았어. 거북은 아주 겁이 났
지. 그래서 독수리에게 소리쳤어.
"야, 자세를 바루고 날아 보라니까 이게 뭐하는 거야!"
"무슨 말이야? 놓아 달라고?"
독수리는 무슨 말인지 못 알아듣고
거북을 놓아 버렸대. 거북은
어떻게 되었을까?

'바루다'는 무슨 뜻일까요?

바루다

'바루다'는 비뚤어지거나 굽지 않고 바르게 한다는 뜻이에요. 형용사 '바르다'에서 나온 말이지요. 잘못된 일을 바로잡거나 틀린 것을 옳게 고칠 때 '바루다'를 써요.

여긴 왜 똑바로 된 게 하나도 없지?

에구, 힘들다.

영차!

영차!

착한 내가 해결해야지.

뭐 하냐?

어!

거꾸로 있는 물건을 바루는 중이야.

거꾸로 방

쯧쯧, 쟤 또 엄한 짓 하네.

최고인 으뜸과 그다음인 버금

'으뜸'이란 여러 가지 중 첫 번째, 최고를 가리켜요. '버금'은 그 바로 아래를 뜻하지요. 그런데 '버금'이 잘못 쓰이는 경우가 종종 있어요. '둘째가다, 다음가다'의 뜻이 아니라 '맞먹다'의 뜻으로 쓰는 경우지요. 그러니까 '이 시계는 명품 시계 버금가는 좋은 시계야.'처럼 쓰는 것은 잘못된 표현이랍니다.

올해의 으뜸과 버금 달걀입니다.

짝!

1 으뜸 1짝!

2 버금

짝!

113

053 그루터기에서 만난 호랑이 형님

옛날에 나무꾼이 산에서 나무를 하다 그루터기에 앉아 쉬고 있었어.
그런데 갑자기 집채만 한 호랑이가 나타난 거야. 부들부들 떨던 나무꾼은 꾀가 떠올랐어.
"아이고, 호랑이 형님! 우리 형님이 틀림없지요?"
나무꾼은 호랑이가 어릴 때 잃어버린 자기 형님이 틀림없다고 하면서, 어머니가 형님 걱정을 하며 한평생을 사셨다고 거짓말을 늘어놓았지. 나무꾼이 눈물을 펑펑 흘리며 얼마나 진지하게 말했는지 호랑이는 그 말에 깜박 넘어갔어.
호랑이는 이제라도 아들 노릇을 해야겠다고 다짐했어. 그래서 나무꾼의 앞마당에 멧돼지를 물어다 놓기도 하고, 몸에 좋은 약초를 물어다 주기도 했지.
그러던 어느 날이었어. 호랑이는 어머니가 병으로 돌아가셨단 말을 들은 거야. 평생 자기 걱정만 하다 돌아가신 어머니 생각을 하니 호랑이는 그 자리에서 꼼짝을 할 수가 없었어. 몇 날 며칠을 그루터기에 앉아 울부짖다가 호랑이는 그만 돌이 되어 버렸어.
그 소식을 들은 나무꾼은 자기 때문에 죽은 호랑이를 생각하며
호랑이의 개호주*들을 잘 돌봐 주었대.

'그루터기'는
무슨 뜻일까요?

그루터기

'그루터기'는 풀이나 나무 또는 곡식 등을 벤 후 남은 밑동 부분을 가리키는 말이에요. 그루터기는 뿌리가 살아 있기 때문에 시간이 지나면 가지와 잎이 나서 다시 자라요. 나무에는 가지가 떨어져 나간 자리에 동그랗게 두드러진 곳도 있는데, 이 부분은 '옹이'라고 한답니다.

호랑이의 새끼, 개호주

'개호주'는 호랑이의 새끼를 가리키는 말이에요.
동물의 이름 중에는 어미와 새끼를 다르게 부르는
경우가 있어요. 개와 강아지, 말과 망아지, 소와 송아지,
닭과 병아리 등이 그래요. '개호주' 역시 어미인 호랑이와
구별하여 새끼를 부르는 이름이에요.

054 바른길 안내자, 길라잡이

세상 구경을 많이 해서 뭐든 잘 안다는 개구리가 있었어. 더러운 곳에서만 살던 들쥐는 개구리가 위대해 보였지. 그래서 손나발*을 불며 개구리를 띄워 주었어.
"똑똑하고 멋진 개구리가 여행담들을 들려준대! 자, 자, 다들 어서 모여."
낮이고 밤이고 들쥐는 개구리의 여행담을 듣느라 시간 가는 줄 몰랐지.
그러던 어느 날, 개구리가 다시 길을 떠난다는 거야. 들쥐도 소망을 이룰 때가 됐다고 생각했어.
"개구리야, 나도 길을 떠날 건데 네가 나의 길라잡이가 되어 줄 수 있겠니?"
"네가 원한다면!"
들쥐는 길을 잃어버리지 않으려고 개구리 다리에 자기의 발을 꽁꽁 묶었어. 그러고는 드디어 길을 떠났지.
햇볕이 따가운 날이었어. 한참 풀숲을 뛰어가던 개구리 피부가 햇볕 때문에 말라 갔어. 개구리는 더는 참지 못하고 연못 속으로 들어갔지.
그런데 개구리 발에 묶여 있던
들쥐는 어떻게 되었을까?

들쥐가 말한 '길라잡이'는
무슨 뜻일까요?

길라잡이

'길라잡이'는 길잡이와 같은 말로 길을 안내하는 사람을 뜻하지요. 옛날에 수령이 외출할 때 길을 인도하던 사람을 '길나장이'라고 했는데, 이 말에서 '길라잡이'라는 말이 생겼다고 해요. '길라잡이'는 길 안내자뿐 아니라 좋은 방향으로 이끌어 주는 모든 것을 말해요.

큰 소리 낼 때 손나발, 거절할 때 손사래

'손나발'은 입에다 손을 대고 나팔을 부는 것처럼 소리 내는 것을 말해요. 주로 시끄러운 곳에서 누군가를 부를 때 더 잘 들리라고 손을 대고 소리를 치지요. '손사래'는 손을 좌우로 내젓는 행동을 말하는데, 주로 사양하거나 거절할 때 이런 행동을 해요.

055 할머니의 주머니, 쌈지

손녀들과 함께 사는 할머니가 있었어. 하루는 할머니가 떡을 팔러 갔다가 돌아오는 길에 배고픈 늑대를 만났어. 늑대는 할머니를 잡아먹고 손녀들까지 잡아먹으려고 할머니 복장을 하고 손녀들이 사는 집으로 가서 문을 두드렸어.
"얘들아, 할머니 왔다."
"진짜 우리 할머니가 맞으면 이 문틈으로 우리가 만들어 준 쌈지를 보여 줘요."
손녀들이 말하자 늑대는 생각했어.
'쌈지가 뭐지? 먹는 건가?'
"그건 벌써 다 먹었단다, 얘들아."
그 얘길 들은 손녀들은 단박에 할머니가 아니라는 걸 안 거야. 그래서 제일 큰 손녀가 뒷문으로 얼른 나가 옆집 아저씨에게 도움을 청했어.
아무것도 모르는 늑대는 발을 동동 구르다, 문고리를 잡았다, 문틈을 들여다봤다 하며 설레발*을 치고 서 있었어.
"얼마나 맛있던지 지금도 군침이 흐른다. 얼른 문을 열어 주렴."
그때 늑대 뒤로 바짝 다가온 아저씨가 몽둥이로 늑대를 힘껏 쳤지.
쌈지 때문에 이렇게 된 것을 늑대가 알까?

늑대가 먹는 것으로
잘못 생각한 '쌈지'는
무엇일까요?

118

쌈지

'쌈지'는 작은 주머니를 가리키는 말이에요. 한복을 주로 입었던 옛날 사람들은 바지에 주머니가 없었기 때문에 쌈지를 바지춤에 차고 다녔어요. 쌈지는 가죽이나 종이, 헝겊 등으로 만들었지요.

설레발치다 화를 입다

'설레발'이란 몹시 서두르며 부산스럽고 정신없이 구는 행동을 말해요. 이 말은 '설레발이'라는 벌레의 이름에서 나왔다고 해요. 다리가 많은 이 벌레는 움직이는 동작이 바쁘게 서두르는 것처럼 보여요. 그래서 지나치게 나대거나 날뛰는 모습을 가리켜 '설레발을 친다.'라고 하지요.

056 추린 콩을 흩뜨린 방귀 시합

옛날에 방귀를 잘 뀌는 아낙이 살았어. 이 아낙은 콩 농사를 지었어. 그런데 콩을 거두고 나니 벌레 먹은 콩이 너무 많은 거야. 그래서 장에 내다 팔려고 벌레 먹지 않은 콩만 추리고 있는데, 한 사내가 찾아왔어.

"댁은 뉘슈?"

"난 방귀라면 세상에서 으뜸이라고 생각하는 사람이오. 댁과 겨루고 싶어 찾아왔소."

아낙이 사내를 보니 덩치도 작은 게 아주 우스워 보여.

"관두슈. 보시는 것처럼 난 아주 바쁘다오."

아낙이 시큰둥하게 말하자 사내는 아낙이 추려 놓은 깨끗한 콩을 하나 집더니 궁둥이에 대고 방귀를 뀌는 거야. 그러니 깨끗한 콩이 벌레 먹은 콩들만 따로 놓아둔 곳으로 날아가 콩 박히는 것 아니겠어?

"요것 봐라."

그 모양을 본 아낙이 자기도 가만히 있을 수 없어 이번엔 벌레 먹은 콩을 하나 집어 궁둥이에 대고 방귀를 뀌었지. 그러니 벌레 먹은 콩이 깨끗한 콩 쪽으로 떡하니 들어가겠지. 아낙과 사내는 서로 지지 않으려고 핑핑 풍풍 계속해서 방귀를 뀌었어. 하지만 승부는 나지 않고 애써 추려 놓은 콩만 콩켸팥켸*가 되어 버렸대.

아낙이 콩을 '추렸다'는 건 어떻게 했다는 뜻일까요?

120

추리다

'추리다'는 섞여 있는 것 중에서 여럿을 가려내거나 뽑는다는 뜻이에요. 또 여럿 가운데 쓸모없는 몇 개를 가려낼 때도 쓰지요. '백 명의 지원자 중에 열 명을 추리다.', '여행에 꼭 필요한 짐만 추리다.' 등과 같이 써요.

어질러진 모양 콩켸팥켸

'콩켸팥켸'는 사물이 뒤섞여서 뒤죽박죽이 된 모양을 가리키는 말이에요. 이 표현은 '콩켜팥켜'라는 말에서 왔어요. '켜'는 포개어진 물건의 하나하나 층을 뜻하는데 시루떡을 찔 때 따로 얹은 콩의 층과 팥의 층이 떡을 찌고 나면 구분 없이 뒤섞인 모양을 가리키는 말이지요.

057 얼렁뚱땅 말머리를 돌린 훈장

어느 날, 서울에 다녀온 송 서방이란 사람이 양초를 사 가지고 와서 동네 사람들에게 나누어 주었어. 그런데 글쎄 물건만 주고 어떻게 쓰는지를 알려주지 않았지 뭐야. 마을 사람들은 학식이 높기로 유명한 글방 선생한테 물어보기로 했지.

"훈장님, 양초란 것은 어디에 쓰는 물건입니까?"

사실 글방 선생도 난생처음 보는 양초의 쓰임새를 모르기는 마찬가지였지. 하지만 체면상 모른다고 할 수가 있어야지.

"예끼, 이 사람들. 그것도 모르나? 그건 뱅어라는 생선일세."

마을 사람들은 글방 선생 말만 믿고 양초를 얇게 썰어 넣고 국을 끓였어. 그걸 같이 나누어 먹는데 목이 쓰리고 아파서 견딜 수가 없는 거야.

그때 마침 송 서방이 와서는 양초는 먹는 게 아니라 불을 켜는 물건이라고 말해 주었지. 그러니까 글방 선생은 말머리를 돌리며 다시 그러는 거야.

"뱅어라는 생선을 양초 불에 구울 수도 있지 않은가 그런 말이었는데……"

그러고는 뱃속에 불이 붙을까 봐 창피한 줄도 모르고 냅다 개울로 뛰어가 풍덩 빠지는 거야. 글방 선생 덕분에 양초국을 먹은 사람들은 참 어처구니*가 없었다지.

글방 선생이 '말머리'를 돌렸다는 게 무슨 뜻일까요?

실은 뱅어를 양초에 구워 먹으라는 뜻이었는데…. 못 알아 들었구나?

말머리 돌리기…

말머리

'말머리'는 이야기를 시작할 때 말의 첫마디를 뜻해요. 또 이야기를 할 때 어떤 목적으로 끌고 나가려는 말의 방향을 뜻하기도 해요. 두 사람이 대화를 하다 한 사람이 말문이 막혀 다른 화제로 바꾸는 것을 '말머리를 돌린다.'라고 한답니다.

어처구니가 없으면?

'어처구니가 없다'라는 말은 일어난 일이 당황스러울 때 써요. 어처구니의 어원에 대한 여러 속설 중에 '맷돌 손잡이' 설이 있어요. 맷돌을 돌리려는데 손잡이가 없으면 얼마나 당황스럽겠어요? 그래서 기가 막힌 상황에 주로 쓴답니다.

123

058 나귀 대신 말로 갈음하다

나그네가 말과 나귀를 끌고 먼 길을 가고 있었어. 나귀 등에는 짐이 잔뜩 실려 있었지. 생선 한 두름*, 달걀 한 꾸러미, 김 한 톳, 짚신 네 죽. 없는 거만 빼면 뭐든지 다 있었지. 먼 길을 가느라 나귀는 지칠 대로 지쳐 있었어.

나귀가 말에게 부탁을 했어.

"말아, 내 짐을 같이 져 줄래? 이대로 가다가는 금방이라도 쓰러질 것 같아."

"내가 왜 네 짐을 지니? 짐은 너 같은 나귀나 지는 거라고!"

말은 고개를 절레절레 흔들더니 쌀쌀맞게 대답했어.

얼마 못 가서 나귀는 그만 쓰러져 버렸어. 더는 버틸 힘이 없었던 거야. 쓰러진 나귀를 보면서 나그네가 그러는 거야.

"이를 어쩌나. 맞아! 나귀가 없으면 말로 갈음하면 되지."

그러면서 나귀에 얹었던 짐을 모두 말에게 실었어.

그리고 쓰러진 나귀까지 말 위에 얹었지.

말은 뒤늦게 나귀의 부탁을
거절한 것을 후회했지만
소용없었지.

'갈음하다'는 어떤 뜻으로
쓰였을까요?

말로 갈음하면 되지!

이제 좀 편하네.

죽겠네. 다리가 흐들거려~

갈음하다

'갈음하다'는 '어떤 것을 다른 것으로 대신하다.'라는 뜻이에요. 동사 '갈다'의 어간 '갈-'에 명사형을 만드는 '음'을 붙인 말이지요. 이 말은 대신하거나 대체한다는 뜻으로 사용한답니다.

물건을 세는 단위 두름, 꾸러미, 톳, 죽

'두름'은 생선을 세는 단위로, 열 마리씩 두 줄로 묶은 스무 마리를 가리켜요. 달걀 열 개를 짚으로 묶어 싼 것은 한 '꾸러미'라 하고, 김 백 장 한 묶음은 한 '톳'이라고 해요. 짚신 열 켤레를 세는 단위는 '죽'이랍니다.

059 칭찬에 속지 말고 두고두고 곱씹자

까마귀가 큼직한 고기를 물고 나뭇가지에 앉아 있었어. 이것을 본 여우는 군침이 돌았지.

'저 고기를 내가 빼앗아야지!'

여우는 이렇게 생각하고 까마귀에게 다가갔어.

"어이, 까마귀 양반! 당신처럼 멋지고 귀하게 생긴 새는 처음 봐요. 그러니 분명히 당신이 새 중에서 왕이겠죠?"

까마귀는 평소에 여우가 마뜩*하지는 않았지만, 이런 말을 들으니 싫지는 않았어. 그런 칭찬은 처음 들어 봤거든. 그래서 기분이 좋아 고개를 끄덕거렸어. 그러니 여우가 또 그래.

"새 중의 왕은 얼마나 아름다운 목소리를 갖고 있을까?"

이 말을 들은 까마귀는 자기의 멋진 목소리를 여우에게 들려주고 싶단 말이야. 그래서 목청을 가다듬고 까악까악 소리를 질렀어. 그러니 물고 있던 고기는 어떻게 되었겠어? 당연히 바닥으로 떨어져 버렸지. 여우는 얼른 떨어진 고기를 물고 사라져 버렸어.

까마귀는 다시는 칭찬하는 소리에 속지 말자고 곱씹고 또 곱씹었대.

까마귀가
'곱씹었다'는 건
무슨 뜻일까요?

그게 노래니?
그게 노래면
내 발가락도
부르겠다!

까아악~
까아악~

드디어
나의 음악 세계를
알아주는 친구를
만났군!

126

곱씹다

'곱'은 어떤 수나 양의 배라는 뜻이에요. '씹다'란 말에 '곱'이 붙어 '여러 번 되풀이하여 씹다.'라는 뜻이 되었지요. 음식뿐 아니라 말이나 생각을 되풀이할 때도 이 말을 쓴답니다.

무엇이 마뜩할까?

'마뜩하다'는 마음에 든다는 긍정의 뜻이에요.
하지만 부정의 뜻으로도 많이 써요. '–않다',
'–못하다'를 붙여 마음에 들지 않는다는 뜻으로
쓴답니다. 가령 친구가 껌을 뱉는 모습을 바라보며
"저 녀석의 행동은 마뜩하지 않아."라고 쓸 수 있지요.

060 배부른 척, 관심 없는 척, 새치부린 여우

여우 두 마리가 동시에 오소리 굴 앞에 섰어. 욕심 많은 여우가 다른 여우를 힐 끗 보니 자기보다 몸집이 크고 생김새도 우락부락하거든. 싸워 봤자 몸만 다칠 것 같았지. 몸집 큰 여우가 다가가자, 욕심 많은 여우는 뒤로 물러나며 말했어.

"덩치 좋은 양반, 난 이미 배가 부르니 당신이 이 굴을 가져요."

"정말 그래도 되겠소? 내가 오소리를 잡으면 조금 떼어 줄 수도 있는데."

"아니에요. 괜찮아요."

큰소리는 쳤지만 속에서는 열불이 나. 굴을 빼앗기니까 배가 더 고픈 것 같아. 여우는 어디 먹을 게 없나 이리저리 살피는데 포도나무가 눈에 띄는 거야.

여우는 냉큼 달려갔어. 하지만 아무리 뛰어올라도 포도송이가 너무 높이 매달려 있어 딸 수가 없는 거야. 여우는 애꿎게 엉덩방아만 찧고 포도는 먹지도 못했어. 여우가 포도나무를 바라보는데, 들쥐들이 몰려와 포도나무에 오르는 거야.

"여우 선생, 당신도 먹어 볼래요? 포도 알이 정말 굵어요."

그러자 여우가 손사래를 치며 말했어.

"너희들이나 실컷 먹어. 난 이미 많이 먹어서 배고프지 않아."

하루 종일 새치부리던 여우는 쉴 곳도 없고 너무 배가 고파 곤죽*이 되었대.

'새치부리다'는 어떤 뜻일까요?

괜찮아. 난 배부르니까 너희들 다 먹어!

그런데 그 소리는 뭐야?

꼬르륵~

새치부리다

'새치부리다'는 사양하는 척하는 것을 말해요. 하지만 겸손하게 사양하는 것이 아니라 마지못해서 사양하는 척하는 거지요. 이야기 속 여우는 자기가 다칠까 봐 또는 자존심 때문에 사양한 것이랍니다.

곤죽이 되다

'곤죽'은 질게 된 밥이나 질척거리는 땅을 가리켜요. 일이 엉망이 되어 정리하기 어렵게 된 상태를 가리키기도 해요. 또 이 이야기의 여우처럼 몸이 지쳐 늘어진 모습을 빗대어 '곤죽이 되었다.'고 말하기도 한답니다.

유래로 배우는 한자어

들어는 봤는데 정확히 무슨 뜻인지 모르는 아리송한 말들,
어렵고 복잡하게만 느껴지는 한자어,
유쾌하고 흥미로운 유래를 읽으며 차근차근 친해져 보세요!

061 모순 矛盾

세상에서 가장 뛰어난 창과 방패

중국 초나라에 한 장사꾼이 있었어. 이 장사꾼은 저잣거리에 나올 때마다 특이
한 물건들을 가지고 왔지. 오늘도 이 사람은 저잣거리에서 큰 소리로 외쳤어.

"왔어요, 왔어. 세상에서 가장 뛰어난 창과 방패가 왔어요."

애 어른 할 거 없이 주위에 있던 사람들이 장사꾼 주위로 모여들었어.

"이 창을 좀 보세요. 어떤 것도 뚫지 못하는 게 없답니다."

장사꾼은 특이하게 생긴 창을 사람들에게 보여 주었어. 사람들은 날카로운 창
끝을 보며 감탄했어. 장사꾼은 신이 나서 방패를 하나 꺼내 들었지.

"이 방패는 어떻고요. 제아무리 날카로운 창도 모두 막아 내는 방패랍니다."

장사꾼이 말하자 사람들은 또 방패를 들어 보며 고개를 끄덕거렸지.

그러자 구경꾼 가운데 한 사람이 장사꾼에게 물었어.

"그럼 그 창으로 그 방패를 찌르면 어떻게 되는 거요?"

장사꾼은 할 말을 잃었어. 사람들은 저마다 창이 이기네 방패가 이기네 하고 내
기를 걸었지. 하지만 장사꾼은 슬그머니 짐을 챙겨 그 자리를 떠나고 말았대.

132

矛 盾
창 **모**　방패 **순**

'모순'은 창과 방패를 가리키는 말이에요. 장사꾼이 가지고 온 창과 방패 이야기는 서로 앞뒤가 맞지 않아요. 이렇게 말이나 행동이 앞뒤가 맞지 않을 때 '모순'이라고 해요.

모순과 같은 말, 자가당착(自家撞着)

모순과 뜻이 같은 사자성어가 있어요.
'자가당착(自家撞着)'이라는 말이에요.
자기 스스로 부딪히고 충돌한다는 뜻으로,
자기의 말이나 행동이 앞뒤가 서로 맞지
않는다는 뜻이에요.

062 사족 蛇足
뱀에 발이 달렸다고?

옛날 중국에 아주 지독한 구두쇠가 살았어. 그날은 구두쇠 아버지의 제삿날이었어. 하인들은 제사 음식을 만드느라 하루 종일 앉지도 못하고 고생을 했지. 제아무리 구두쇠라도 자기 아버지 제사 음식을 차려 준 하인들을 모른 척할 수 있겠어? 제사를 마친 구두쇠는 하인들을 불러 놓고 술을 딱 한 잔 내놓았어.

"고생들 했으니 이 술을 나누어 마시게나."

하인들은 주인이 내놓은 술 한 잔에 어이가 없었어. 하지만 이왕 받았으니 마시긴 마셔야겠는데, 사람은 여럿이고 술은 한 잔이니 누구 코에 붙이겠어. 그때 어떤 하인이 한 가지 제안을 했지.

"뱀을 맨 먼저 그린 사람이 이 술을 다 마시는 거야. 어때?"

하인들은 모두 찬성했어. '시작'이란 말이 떨어지자마자 모두 땅바닥에다 뱀 그림을 그리기 시작했어. 한 하인이 그림을 다 그리고 술잔을 잡으며 말했지.

"이 술은 내 거야. 어때, 내 그림 실력이? 뱀 발도 있다고!"

그러자 그제야 막 그림을 다 그린 하인이 술잔을 빼앗아 단숨에 마셔 버리고는 이렇게 말하는 거야.

"세상에 발 달린 뱀이 어딨나?"

뱀 발까지 그린 하인은 쓸데없이 발까지 그린 걸 후회했지만 소용없었지.

蛇　足
뱀 사　　발 족

'사족'은 뱀의 발이란 뜻이에요. 세상에 발이 달린 뱀이 있을까요? '사족'은 쓸데
없는 물건을 비유하거나, 있는 것보다 없는 것이 나을 때 쓰는 한자어예요. 공연
히 쓸데없는 일을 해서 오히려 실패할 때 쓰지요.

맹인(盲人)과 봉사

앞을 못 보는 사람을 '맹인'이라고 해요. '봉사'라고도
하지요. 요즘엔 시각 장애인을 낮잡아 이르는 말이지만
본래 '봉사'는 조선 시대 때의 벼슬 이름이었어요.
이 벼슬을 주로 맹인이 맡았기 때문에 직분을 가리키는
'봉사'라는 말이 앞을 못 보는 사람의 뜻으로 바뀌었다고 해요.

063 등용문 登龍門

들어가기 힘든 문

중국 전설 하나 들려줄까? 중국 황하 상류에 용문이라는 협곡이 있어. 이 협곡의 물살이 어찌나 거센지 크고 힘센 물고기라도 여간해선 오르기가 힘들다고 해. 그런데 그런 힘든 과정을 거쳐 일단 협곡을 오른 물고기는 용이 되었다는 전설이 있지. 그러니 용문을 오르기가 얼마나 어렵다는 거야?

중국의 후한 시대에는 환관들의 힘이 커져서 충신들이 기를 펴지 못했어. 환관이란 왕의 시중을 드는 남자 관리, 즉 내시들을 말해. 그런데 이런 때에도 뜻을 굽히지 않고 불의에 맞서는 이가 있었어. 바로 이응이란 사람이었지.

이응은 환관들의 미움을 받아 옥에 갇히기도 했어. 하지만 나중에 지금의 경찰청장 같은 자리에 올라 파렴치한 환관들과 싸웠지.

아무도 선뜻 나서지 않는 일을 하나씩 처리해 가니 이응의 이름이 널리 퍼지기 시작했어. 그러니 모든 관리가 이응이라면 고개를 끄덕거렸지. '천하의 모범은 이응이다.'라고 할 정도였으니까.

젊은 관리들은 이응을 아는 것만으로도 용문에 오른 것처럼 굉장한 일이라고 생각했어. 그리고 이응의 추천을 받으면 최고의 명예라고 생각했지. 이것을 바로 '등용문'이라고 불렀다고 해.

登龍門

오를 **등**   용 **용**   문 **문**

'등용문'은 들어서는 길을 뜻하며 보통 출세를 하기 위해 거쳐야 하는 관문을 의미해요. 또는 중요한 시험을 가리키기도 해요. 예를 들어 상을 받아 자신의 재주를 인정받아야 한다면, 공모전이 '등용문'이 되지요.

과거 보는 난장(亂場)판

옛날 양반들은 관리가 되기 위해 과거를 봐야 했어요. 그런데 과거장 중에서도 사람들이 어지럽게 모여 떠들던 곳을 '난장'이라고 했지요. 오늘날에는 여러 사람이 모여 어지럽게 떠들거나 정신없어진 상태를 가리켜 '난장판'이라고 해요.

064 배수진 背水陣

앞에는 적, 뒤에는 강물

중국 한나라 때 한신이라는 명장이 있었어. 한신은 군사를 이끌고 위나라와 싸워 승리를 거두었지.

"이 여세를 몰아 조나라까지 공격하자!"

한나라가 쳐들어온다는 소식에 조나라라고 가만히 있겠어? 군사 20만 명을 동원해서 한나라가 들어올 길목에 방어선을 만들었지.

조나라가 방어선을 만들었다는 정보를 입수한 한신은 계획을 세웠어.

"병사 2,000명은 성 근처에 매복하고, 나머지는 성 입구까지 갔다가 도망가는 척한다. 그러면 적군은 도망가는 우리를 쫓아올 것이다. 그때 매복한 우리 병사들이 조나라의 성을 점령하고 깃발을 꽂아라."

드디어 조나라와 한나라의 싸움이 시작되었어. 한신은 후퇴하면서 병사 1만여 명에게 먼저 가서 강을 등지고 진을 치고 있으라고 했지. 후퇴하는 한나라 군사를 보면서 조나라 병사들은 이길 것을 확신하고 더 세게 밀어붙였어. 이 틈에 성근처에 매복하고 있던 한나라 군사는 조나라의 성을 차지하고 깃발을 꽂았지.

강가에 가 있던 한나라 군사들은 적을 물리치지 못하면 강에 빠져 죽으니 더 열심히 싸웠어.

한나라 군사에게 밀려 뒤늦게 성으로 돌아간 조나라 군사는 그제야 성을 빼앗겼다는 사실을 알았지. 한신은 대승을 거두었던 거야.

背 水 陣
등 背   물 水   진칠 陣

'배수진'은 물을 등지고 친 진이라는 뜻이에요. 진(陣)이란 군사를 배치해 놓은
것을 말해요. 앞에는 적이 있고 뒤에는 강이 있으니, 목숨을 걸고 싸울 수밖에
없겠지요. 목숨을 걸고 어떤 일에 임할 때 이런 표현을 쓴답니다.

십 년을 빼앗긴 명창, 십년감수(十年減壽)

우리나라에 축음기가 들어왔을 때, 그 당시의 명창이
큰 나팔관에다 노래를 녹음했어요. 녹음한 음악이 흘러나오자
고종은 명창의 기가 축음기에 빨려들어 갔다고 생각하여
"네 명이 십 년은 줄었겠구나."라고 말했지요. 여기서 나온
'십년감수'를 지금은 위험한 고비를 겪었을 때 쓴답니다.

065 어부지리 漁夫之利

조개와 새의 싸움에 어부가 이득을 얻는다

중국 전국 시대 때의 일이야. 연나라에 흉년이 들어 백성들이 굶어 죽고 나라도 약해졌지. 이 사실을 안 이웃의 조나라 혜문왕은 이때가 기회다 싶어 연나라를 침략할 계획을 세웠어. 연나라도 이 소식을 전해 들었지. 연나라의 소왕은 소대란 사람을 불러, 혜문왕이 전쟁 계획을 거둬들이게 설득해 달라고 부탁했어.

소대는 소진이란 사람의 아우인데, 소진은 여섯 나라의 재상을 겸할 정도로 아주 실력 있는 사람이었어. 그러니 아우인 소대의 지혜도 알아줄 만했지.

소대는 혜문왕에게 가서 말했어.

"조나라로 들어오는 길목의 강변에서 조개가 입을 벌리고 있었지요. 그때 도요새 한 마리가 다가와서는 조개의 살을 뜯기 시작했습니다. 깜짝 놀란 조개가 입을 꽉 다물면서 도요새 부리를 가두었지요. 조개와 도요새가 서로 지지 않으려고 싸우는 사이, 마침 그곳을 지나가던 어부가 그 모습을 보고 조개와 도요새를 모두 잡아 가지고 갔답니다. 전하께서 지금 연나라를 침략하시면 두 나라 모두 피폐해진 사이에 강대국인 진나라가 두 나라를 다 삼켜 버리고 말 것입니다."

혜문왕은 소대의 말을 듣고 연나라를 침략할 계획을 없던 것으로 했대.

어! 이거 안 놔?

어디, 먹어 볼 레면 먹어 봐!

漁 夫 之 利

고기잡을 **어**   사내 **부**   어조사 **지**   이로울 **리**

'어부지리'는 어부가 얻은 이득이란 뜻이에요. 두 사람이 싸우는 사이에 엉뚱한 사람이 이득을 챙긴다는 말이지요.

설법하는 곳, 야단법석(野壇法席)

'야단법석'은 원래 절의 마당에서 대스님이 설법을 베푸는 자리라는 뜻이에요. 그 자리에는 많은 사람이 설법을 들으러 모였기 때문에 시끄러울 수밖에 없었어요. 그래서 많은 사람이 모여 떠들썩한 모습을 '야단법석'이라고 하지요.

141

066 일거양득 一擧兩得

한 가지 일을 하여 두 가지 이익을 얻다

힘이 장사인 사람이 길을 가고 있었어. 날이 어두워지자 장사는 가까운 여관에 묵게 되었지.

밤이 깊어졌어. 장사가 잠을 자려고 하는데 밖에서 사람들이 웅성거리는 소리가 들렸어. 웬일인가 싶어 나가 보았더니 밖에는 정말 무시무시한 광경이 펼쳐지고 있었지. 호랑이 두 마리가 소를 잡아먹으려고 서로 싸우고 있었던 거야.

"이때다. 저 호랑이를 잡아서 팔면 돈을 벌 수 있을 거야."

장사는 옷소매를 걷어붙이고 호랑이를 잡으려고 성큼 앞으로 나갔어. 그러자 여관 일을 도와주는 아이가 장사의 팔을 잡는 거야. 그러고는 이렇게 말했지.

"저 두 호랑이가 싸우면 결국 힘이 약한 호랑이는 죽게 될 거예요. 나머지 호랑이는 큰 상처를 입고요. 그때 상처를 입은 호랑이를 죽이면 한 번에 두 마리를 얻을 수 있잖아요."

장사는 아이의 말을 듣고는 아이가 시키는 대로 호랑이 한 마리가 죽은 후, 상처 입은 호랑이를 잡았어.

결국 두 마리 호랑이를 모두 잡은 셈이었지.

야~호!
한 번에
두 마리다.

우리가
왜 싸웠냐?

그러게
?

一 擧 兩 得

한 **일**   들 **거**   두 **양**   얻을 **득**

'일거양득'은 한 번에 두 가지의 이익을 얻는다는 뜻이에요. 우리말로는 '누이 좋고 매부 좋고', '꿩 먹고 알 먹고'와 비슷하지요.

일거양득과 비슷한 말, 일석이조(一石二鳥)

'일거양득'과 비슷한 말로 '일석이조'가 있어요.
'일석이조'는 돌멩이를 하나 던져 두 마리의 새를 잡는다는
뜻으로 한 번에 두 가지의 이득을 볼 때 쓰는 말이에요.

067 이심전심 以心傳心

내 마음이 곧 너의 마음

불교를 만든 석가모니 알지? 이 이야기는 석가모니에 대한 일화야.

어느 날, 석가는 제자들을 아주 신령스러운 산으로 불러 모았어.

제자들이 모였는데도 석가는 한동안 아무 말도 하지 않고 그대로 서 있었지. 그러다가 연꽃을 한 송이 집어 들었어. 석가는 연꽃을 손으로 살며시 비틀었어.

제자들은 말 없는 석가의 행동을 보고 눈만 껌벅였어. 석가가 왜 그런 행동을 하는지 알지 못했거든. 하지만 제자 중 한 명인 가섭은 빙긋이 미소를 지었어.

"내 뜻을 알겠느냐?"

가섭은 가만히 고개를 끄덕였어.

석가가 가섭에게 말했어.

"내가 마음으로 전하는 뜻을 너만이 알고 있구나. 내 진리를 너에게 주마."

석가는 진리란 말이나 책에만 의존하지 않고 마음에서 마음으로 통하는 점이 있어야 한다고 생각한 거야.

석가는 이렇게 이심전심의 방법으로 제자들에게 불법을 전하곤 했단다.

以 心 傳 心

써 **이**　　마음 **심**　　전할 **전**　　마음 **심**

'이심전심'은 마음에서 마음으로 뜻이 전해진다는 뜻이에요. 내가 생각하는 것과 상대방이 생각하는 것이 같을 때 쓰는 말이지요. 말로 하지 않아도 상대방이 내 뜻을 알아줄 때도 쓴답니다.

안성의 놋그릇, 안성(安城)맞춤

안성의 놋그릇은 아주 유명해서 서울에 있는 양반들은 꼭 안성에서 그릇을 맞추어 쓰곤 했어요. 그러다 보니 요구하거나 생각한 대로 잘 된 물건을 비유적으로 '안성맞춤'이라고 쓰게 되었답니다.

068 마이동풍 馬耳東風
아무리 말해 봤자 헛수고

중국 당나라의 시인인 이백에게는 왕십이라는 절친한 친구가 있었지.
하루는 왕십이가 이백에게 시 한 구절을 써서 보냈어.

추운 밤, 난 이렇게 혼자서 술을 마시고 있다네.
그러자니 느끼는 것이 참 많네그려.

친구의 글을 읽은 이백은 서글퍼졌지. 왕십이가 보낸 짧은 글이 무슨 뜻인 줄
알았기 때문이야. 그 시절엔 싸움을 잘하고 오랑캐와 싸워 작은 공이라도 세워
야 훌륭한 사람이라고 인정을 받았지. 이백은 슬퍼하며 친구에게 답장을 적어
보냈어.

친구, 지금은 싸움을 잘하고 오랑캐를 막는 데 공을 세운 자만이 충신 대우를 받
는 세상일세. 그러니 우리가 아무리 좋은 시를 쓰고 아무리 쓴소리를 한들 무슨
소용 있겠나. 그들 눈에는 우리가 쓴 말이 보이지 않고, 우리가 하는 소리가 들
리지 않는 게 당연하지. 풀밭의 말을 보게나. 마이동풍이란 말처럼 향긋한 봄바
람이 아무리 말의 귀를 스쳐도 말은 아무것도 못 느끼지 않는가. 이 시절이 가고
나면 우리를 인정해 줄 날이 오겠지.

이렇게 이백은 왕십이와
편지를 주고받으며
시절을 한탄했대.

146

馬 耳 東 風
말 **마**　귀 **이**　동녘 **동**　바람 **풍**

'마이동풍'은 남의 말에 귀 기울이지 않고 흘려버린다는 뜻이에요. 충고를 전혀 받아들이지 않고, 자기 멋대로 하는 경우에 쓰지요.

설탕 같은 말 감언이설(甘言利說)

'감언이설'은 달콤하고 이로운 조건을 내세워 다른 사람을 꾀어내는 말이에요. 〈토끼전〉에서 거북이 토끼를 용궁에 데려가려고 온갖 감언이설을 하지요. 주로 남을 속이기 위해 하는 말이므로 감언이설에 넘어가지 않도록 조심해야 해요.

069 조삼모사 朝三暮四

아침에 세 개, 저녁에 네 개

중국 송나라 때 원숭이를 기르던 사람이 살았어. 원숭이 저(狙) 자를 써서 저공이라고 불렀지.

저공은 원숭이를 워낙 좋아했는데, 처음에는 한 마리를 기르다가 두 마리, 세 마리로 늘어나더니 수십 마리에 달하는 원숭이를 기르게 됐어. 저공은 자기가 먹을 음식까지도 원숭이들에게 나누어 주었지. 그러니 원숭이들도 저공을 제 엄마처럼 따랐지.

그런데 원숭이들에게 음식을 퍼 나르다 보니 저공의 생활이 점점 어려워진 거야. 버는 돈은 그대로인데 원숭이들은 늘어났으니 그럴 수밖에.

그래서 저공은 먹이를 줄이기로 하고 원숭이들에게 이렇게 말했지.

"얘들아, 이제부터 도토리를 아침에는 세 개, 저녁에는 네 개를 줄 것이다."

그러니 원숭이들이 난리야. 아침에 세 개가 너무 적다는 거지.

그래서 저공은 다시 말했어.

"그럼 아침에 네 개, 저녁에 세 개를 주마."

그러자 원숭이들은 좋아하며 저공의 제안에 모두들 만족했대.

148

朝 三 暮 四
아침 **조**   석 **삼**   저물 **모**   넉 **사**

'조삼모사'는 아침에는 세 개, 저녁에는 네 개라는 뜻이에요. 당장 눈에 보이는 차이만 생각하고 결과가 같음을 모를 때 쓰는 말이에요.

가정의 평화가 최고, 가화만사성(家和萬事成)

'가화만사성'은 집안이 화목해야 모든 일이 잘 풀린다는 뜻이에요. 집안에 나쁜 일이 있거나 가족끼리 화목하지 못하면 마음이 불편하고 걱정 때문에 사회생활을 잘할 수 없다는 뜻이랍니다.

070 전전긍긍 戰戰兢兢

두려워서 안절부절

일을 잘하는 신하가 있었어. 그 신하는 욕심이 많은 사람이었어. 그래서 왕과 가까이 하면서 자기 힘도 키우려고 했어. 그는 왕이 하는 말이라면 무조건 따르고, 시키는 일도 척척 해냈지. 아무것도 모르는 왕은 이 신하를 굳게 믿었어.

드디어 신하의 힘이 커지자 그는 법을 무시하고 자기 뜻대로 했어.

하지만 아무도 뭐라고 하는 사람이 없었지. 왕과 가깝기 때문에 자칫 잘못했다가는 자기가 불리해질 것이 뻔했으니까.

그러자 궁궐에서는 이 신하에게 아무 소리 못하는 사람들을 한탄하는 노래가 나돌기 시작했어. 누가 지었는지 모를 노래는 이 사람 저 사람이 부르면서 점점 퍼져 나갔지.

맨손으로 호랑이를 잡지 못하고, 배 없이는 강을 건널 수 없다는 것은
사람들 모두 잘 알지만, 사람에게 일어나는 일은 누구도 모른다네.
세상 일을 두려워하고 조심하기를 마치 깊은 연못을 들여다 보듯,
얇은 얼음을 밟듯이 해야 하네.

궁궐에서 불린 이 시는 중국 고대 시가들을 모아 묶은 가장 오래된 시집인 <시경>에 실려 있대.

다들 저 신하를 무서워하니, 노래를 불러 마음을 달래야 겠다.

누가 내 얘기를 하나?

시경

戰 戰 兢 兢
싸움 전 **싸움 전** **떨릴 긍** **떨릴 긍**

'전전긍긍'은 너무 무서워서 벌벌 떨며 조심하는 모양을 가리켜요. 거짓말을 하거나 잘못을 저지른 뒤 그것이 탄로 날까 봐 안절부절못할 때도 쓰지요. 또 자기가 해를 당할까 봐 바른말을 못하고 당하고만 있을 때도 이런 말을 써요.

자기 잘못은 스스로 풀어라, 결자해지(結者解之)

'결자해지'는 매듭을 묶은 사람이 매듭을 풀어야 한다는 말이에요. 일을 저지른 사람이 직접 해결해야 한다는 뜻이지요. 가끔 일을 저지르고도 모른 척하거나 남에게 떠맡기는 경우가 있는데 결국 자신에게 해가 되어 돌아오지요.

071 백미 白眉

참으로 뛰어나구나!

옛날 중국에 마씨 성을 가진 사람이 있었어. 이 사람은 슬하에 아들 다섯을 두었는데 모두 마을에서 유명했지. 특히 맏이인 마량은 지혜와 화술이 뛰어나 당할 사람이 없었대.

어느 날, 유비가 새로운 땅을 얻어 그 땅을 지켜 나갈 방법에 대해서 신하들과 의논하고 있었어. 유비의 목숨을 두 번이나 구해 준 이적이라는 사람이 말했지.

"이런 일에 대해서는 현명한 자의 답을 얻는 것이 맞사옵니다. 아랫마을에 마씨 성을 가진 오 형제가 살고 있사온대, 다섯 형제가 모두 재능이 많다고 하옵니다. 그중에서도 눈썹이 흰, 맏이인 마량이 가장 뛰어나다고 하옵니다. 그를 불러 물어봄이 옳은 일인 줄로 아뢰옵니다."

이 말을 들은 유비는 바로 마량을 불러 생각을 물었어. 유비도 마량의 인품과 놀라운 말솜씨를 인정했지. 그래서 마량을 중요한 자리에 임명했대. 마량은 중요한 전투 때마다 유비의 곁을 지켰다지.

어디를 가도 사람들은 마씨 형제 중에서 '백미'가 가장 뛰어나다며 마량을 칭찬했대.

白　眉

흰 **백**　　눈썹 **미**

'백미'는 흰 눈썹이라는 뜻이에요. 마씨 형제 중에서 눈썹이 흰 마량이 가장 뛰어났다는 데서 유래했어요. 여럿 중에서 가장 뛰어난 사람이나 물건을 가리켜 '백미'라고 한답니다.

와, 소풍이다!

소풍의 백미라면 당연히 김밥 아니겠어?

쯧쯧, 그러다 볼 터지겠다.

얘들아, 모여라~ 이번엔 소풍의 백미인 보물찾기 시간이다.

보물찾기가 뭐 재밌다고 그런담?

사람마다 생각하는 백미가 다 다르군.

거기서 거기, 오십보백보(五十步百步)

'오십보백보'는 정도의 차이는 있지만 결국엔 둘 다 비슷하다라는 뜻이에요. 싸움터에서 오십 보쯤 도망가던 병사가 앞서 백 보쯤 도망가는 병사를 보고 비겁하다고 비웃은 데서 나온 말이지요.

우이씨~ 오십보백보 주제에…

도망치는 데 선수구나!

072 사이비 似而非

진짜 같은 가짜

어느 날 맹자가 제자들에게 말했어.

"누구나 훌륭하다고 칭찬하는 사람은 사이비 군자다."

누구나 칭찬하는 사람이 사이비라니! 그게 말이나 돼? 그래서 맹자의 제자인 만장이라는 사람이 맹자에게 따졌어.

"스승님, 저는 모든 이를 칭찬하는 사람은 훌륭한 사람이라고 생각합니다. 그런데 왜 스승님께서는 그 사람에게 사이비 군자라고 하십니까?"

맹자는 만장의 이야기를 듣더니 껄껄 웃음을 터뜨리고 말했어.

"자네 말이 옳을 수도 있지. 그런 사람은 욕하려 해도 욕할 것이 없고, 싸우려고 해도 싸울 만한 구실이 없으니. 하지만 그런 사람이야말로 아첨하는 자들이지."

"아첨이라니요?"

"자기보다 높은 자리에 있는 사람에게는 충성을 다하고 믿음이 있는 척하지. 그리고 누구보다 깨끗한 척해. 그러니 욕할 것이 없고 누구나 칭찬을 하는 거야. 하지만 그런 사람들과는 같이 정치를 할 수 없지. 그런 사람은 워낙 말을 잘해서 정의가 아닌 것을 마치 정의인 것처럼 말할 수 있단 말이야. 그리고 말이 많은 사람은 미덥지 않아. 그래서 사이비라고 하는 것이니라."

만장은 맹자의 말을 듣고
고개를 끄덕거렸대.

저 여우는 나무랄 데가 없어!

그런데 좀 수상하단 말이야.

154

似 而 非

같을 **사**　어조사 **이**　다를 **비**

'사이비'는 겉으로 보기에는 비슷하지만 속은 전혀 다르다는 뜻이에요. 진짜같이 보이지만 실제로는 가짜인 것을 말할 때 써요.

약방의 감초(甘草)

'감초'는 뿌리에서 단맛이 나는 풀이에요. 단맛이 나는 데다가 대부분의 약재와 잘 어울려 한약을 지을 때 빠지지 않는 재료지요. 그래서 어느 자리에나 빠지지 않고 꼭 끼어드는 사람을 가리켜 '약방의 감초'라고 해요. 그리고 주인공을 돋보이게 하는 사람에게도 이 말을 쓴답니다.

155

073 다다익선 多多益善
많을수록 좋아

유방이 중국 한나라를 통일하는 데는 한신이라는 신하의 공이 아주 컸어. 전투란 전투에서 모조리 승리를 거두었거든. 유방은 한신의 능력을 인정하면서도 그의 뛰어난 전술 때문에 곁에 두기에는 위험하다고 생각했어. 결국 한신은 낮은 관직으로 밀려날 수밖에 없었지.

그러던 어느 날, 유방은 여러 장군과 한신이 있는 자리에서 물었어.

"과인이 얼마나 많은 군사를 거느릴 수 있다고 생각하오?"

"황공하오나 폐하께서는 10만 명쯤 거느릴 수 있을 것이라 생각하옵니다."

한신이 대답했어. 그러자 유방은 다시 한신에게 물었지.

"그렇다면 그대는 어떤가?"

"신은 다다익선, 많으면 많을수록 좋사옵니다."

유방은 한신의 대답이 불쾌하면서도 웃음이 났어.

"그런데 그대는 어찌 10만 밖에 못 거느리는 나의 부하가 되었는가?"

그러자 한신이 대답했지.

"전 한낱 병사들의 장수이지만, 폐하께서는 장수를 거느리는 데에 훌륭하십니다. 하여 전 폐하의 부하가 된 것이옵니다."

多 多 益 善

많을 **다** 　　많을 **다** 　　더할 **익** 　　착할 **선**

'다다익선'은 많으면 많을수록 더 좋다는 뜻이에요. 한나라 왕인 유방과 부하인
한신이 군사를 통솔하는 능력에 대해 한 말에서 유래되었어요.

나보다 윗사람, 형(兄)

'형'은 원래 고구려 때 태대형이나 대형처럼 벼슬
이름 뒤에 붙는 호칭이었어요. 하지만 오늘날에는
나이가 많은 형제나 상대를 높여 부르는 말이
되었지요.

074 완벽 完璧

온전하게 돌아온 구슬

중국 조나라 혜문왕은 천하에서 제일 아름답다는 구슬을 가지고 있었어. 이 소문은 강대국인 진나라에까지 퍼졌지. 진나라 소양왕은 이 구슬이 너무 탐이 났어. 그래서 혜문왕에게 이런 전갈을 보냈어.

"성과 구슬을 맞바꿉시다."

하지만 혜문왕은 걱정이었어. 강대국인 진나라의 제안을 거절하면 조나라를 쳐들어올 것이 뻔하고, 구슬을 주면 그냥 꿀꺽해 버릴 것이 뻔했기 때문이지.

오랜 고민 끝에 혜문왕은 제안을 받아들이기로 했어. 그리고 지혜가 뛰어나기로 소문난 인상여라는 신하에게 구슬을 전달하는 임무를 맡겼지.

진나라로 간 인상여가 소양왕에게 구슬을 주니, 역시 생각한 대로 구슬만 덥석 받고는 성 이야기는 전혀 하질 않는 거야. 그러니 인상여가 한마디 했지.

"전하, 실은 구슬에 흠집이 하나 있는데, 잠깐 제게 주시면 알려 드리겠나이다."

구슬을 다시 받은 인상여는 그길로 궁궐 기둥 옆에 서서 약속한 성을 안 주면 구슬을 깨뜨리고 자신도 기둥에 머리를 박을 것이라고 협박했지.

그러고는 몰래 부하에게 구슬을 주어 조나라로 돌려보냈어. 소양왕은 화가 머리끝까지 났지만 신의 없는 왕이라는 비난을 받을까 봐 인상여를 돌려보냈대. 결국 구슬은 온전하게 조나라로 돌아왔지.

캬~악 내가 무슨 죄야!

약속한 성을 안 주면 구슬 깨고 나도 '팍!' 죽어 버린다!

쟤 성질 무섭네!

完 璧

완전할 완   구슬 벽

'완벽'은 원래 온전히 돌아온 구슬이라는 의미였지만, 지금은 결점이 없이 완전하다는 뜻으로 써요.

얼굴 없는 사람, 익명(匿名)

'익명'은 이름을 숨긴다는 뜻이에요.
어떤 일을 하면서 자기 자신을 드러내지
않으려고 이름을 밝히지 않는 것을 말해요.

075 청출어람 靑出於藍

스승보다 나은 제자

중국의 순자는 인간은 태어날 때부터 악하다고 주장했어. 순자는 중국 전국 시대의 유명한 유학자야. 전국 시대는 나라 상황이 아주 혼란한 때였어. 그래서 순자는 악한 마음을 다스리고 가르침과 예의를 쌓다 보면, 도덕적인 사람으로 거듭날 수 있을 것이라고 했지.
순자는 또 학문에 대해서는 이렇게 말했어.

학문을 그만두어서는 안 됩니다.
푸른색은 쪽에서 취하지만
쪽빛보다 더 푸르고,
얼음은 물로 만들어지지만
물보다 찬 것이 그 이유입니다.

쪽은 풀의 일종인데 옛날에는 쪽잎을 이용해서
천에 푸른 물을 들였어.
순자는 학생들에게 이 말을 통해서
스승보다 뛰어난 제자가 있을 수도 있으니
학문을 게을리하지 말라고 한 거지.

내 푸른색은
쪽보다 더
푸르단다.

나도
물보다 더
차가워.

青 出 於 藍
푸를 **청**   날 **출**   어조사 **어**   쪽 **람**

'청출어람'은 푸른색의 쪽에서 뽑아낸 푸른 물감이 쪽보다 더 푸르다는 뜻이에
요. 이 말은 배운 제자가 가르친 스승보다 낫다는 뜻이지요.

내가 썼다, 주인백(白)

'백(白)'은 보통 '희다'라는 뜻으로 써요.
하지만 '주인백'에서처럼 단어 뒤에 붙으면
'말씀드리다'라는 뜻이 되지요. 그러므로 '주인백'은
'주인이 말씀드립니다.'라는 뜻이랍니다.

076 새옹지마 塞翁之馬

좋은 일이 있으면 나쁜 일도 있다고?

옛날 중국 만리장성의 변방에 한 노인이 살았어. 사람들은 이 노인을 '새옹'이라고 불렀지. 어느 날, 새옹의 말이 오랑캐 땅으로 달아나 버렸지 뭐야. 마을 사람들이 이 소식을 듣고 아쉬워하며 노인에게 말했어.

"어쩜 좋아요. 그 좋은 말이 달아나 버렸으니."

하지만 정작 노인은 태연하게 말했어.

"이 일이 좋은 일이 될지 누가 알겠소."

얼마 후 노인의 말이 다시 돌아왔는데, 오랑캐의 뛰어난 말을 데리고 돌아온 거야. 마을 사람들은 노인에게 다시 축하의 말을 건넸지. 하지만 노인은 또 말했어.

"이 일이 화가 될지 누가 알겠소."

며칠 후 노인의 아들이 오랑캐의 말을 타다가 떨어져서 다리를 다쳤어. 마을 사람들은 노인을 위로했어. 노인은 여전히 태연하게 말했어.

"누가 알겠소, 이 일이 좋은 일이 될지."

1년이 흐른 어느 날이었어. 이 마을에 오랑캐가 쳐들어온 거야. 마을에 있는 장정들이 나서서 오랑캐와 싸우다가 모두 죽고 말았어. 하지만 노인의 아들만은 살아남았대. 말에서 떨어진 후 절름발이가 되었기 때문에 싸움에 나갈 수 없었던 거지.

塞 翁 之 馬

변방 **새**　늙은이 **옹**　어조사 **지**　말 **마**

'새옹지마'는 좋은 일과 나쁜 일은 변화가 많아서 예측하기 어렵다는 말이에요. 길한 일이 있으면 흉한 일도 있고, 재앙이 있으면 복도 오듯이, 인생은 언제 어떻게 될지 알 수 없다는 뜻이랍니다.

엎친 데 덮친 격, 설상가상 (雪上加霜)

'설상가상'은 눈 위에 서리가 더해졌다는 말이에요. 나쁜 일이 연이어 생긴다는 뜻이지요. 예를 들면, 앞문으로 들어오려는 호랑이를 막고 있는데 뒷문으로는 이리가 들어오려 할 때 쓸 수 있는 말이랍니다.

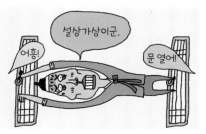

077 오리무중 五里霧中

사방이 모두 안갯속

옛날 중국에 장해라는 사람이 살았어. 이 사람은 학문을 많이 익혀 학식이 아주 뛰어났지. 그의 제자만 100여 명에 이르렀다고 하니 얼마나 똑똑했는지 알 만하지? 그러다 보니 권력이 있다 하는 사람들도 그를 가까이하고 싶어 난리였어.

하지만 장해는 세속에 물든 정직하지 못한 사람들과 가까이 지내는 것이 싫었어. 그래서 사람들의 발길이 뜸한 고향으로 내려갔지.

그러자 제자들을 비롯해 많은 사람들이 장해를 따라 그의 고향까지 내려왔지. 그 사람들의 수가 마치 저잣거리 사람들처럼 많았다고 해.

그런데 장해는 학식만 뛰어난 것이 아니라 도술에도 능했대. 장해는 특히 안개를 만드는 도술을 부리기로 유명했어. 장해가 만드는 안개는 오 리까지 뒤덮여 앞뒤 분간을 할 수 없었대. 그래서 장해는 사람들이 찾아오면 오 리까지 안개를 만들어 사람들이 자신을 찾지 못하도록 꼭꼭 숨어 버렸다지 뭐야.

한번은 어떤 사람이 안개 만드는 도술을 배워 나쁜 일을 저질렀는데, 관아에 잡히자 장해에게 배웠다고 거짓말을 했어. 장해는 억울하게 붙잡혀 가서 옥살이를 하다가 진실이 밝혀져서 풀려났지. 그 뒤로도 장해는 죽을 때까지 청렴하게 살았다고 해.

五 里 霧 中

다섯 **오**   마을 **리**   안개 **무**   가운데 **중**

'오리무중'은 오 리의 거리가 모두 안개에 덮여 있다는 뜻이에요. 이 말은 어떤 사물이나 사람이 어디에 있는지 행방을 알 수 없을 때 쓰지요.

악수(惡水)에서온 억수

비가 물을 퍼붓듯이 세차게 오는 것을 보고 '비가 억수같이 온다.'라고 해요. '억수'는 '악수'에서 온 말이에요. 비가 많이 오면 물난리 같은 피해가 발생하기 때문에 나쁜 물이라는 뜻으로 악수라고 썼어요. 이것이 '억수'로 변했답니다.

078 홍일점 紅一點

나 혼자만 여자다!

중국 송나라 때 왕안석이라는 정치가가 있었어. 당나라와 송나라의 이름난 문인 여덟 명을 '당송 팔대가'라고 하는데, 왕안석도 그중 한 사람이었지.

어느 봄날이었어. 세상은 온통 파릇파릇 잎이 돋아나 봄빛으로 가득했지. 왕안석은 길을 따라 걸으면서 시상을 떠올렸어. 그때였어. 온통 초록 잎으로 가득한 나무에 빨간 꽃이 한 송이 피어 있는 거야. 그것은 바로 석류꽃이었지. 석류나무에 핀 빨간 석류꽃을 본 순간 왕안석은 마음이 설레었어. 왕안석은 그 마음을 시로 썼어.

온통 푸르름 속에 빨간 점 하나
(萬綠叢中 紅一點, 만록총중 홍일점)
사람 즐겁게 하는 봄의 경치는 그것으로 충분하네.
(動人春色 不須多, 동인춘색 불수다)

바로 왕안석이 쓴
석류를 노래하는 시야.

누가 저를 위해 이토록 아름다운 시를 지으신 거죠?

紅　一　點

붉을 **홍**　　하나 **일**　　점 **점**

'홍일점'은 하나의 붉은 점이라는 말이에요. 홍일점은 여럿 가운데서 뛰어난 하나를 가리킬 때, 많은 남자 중에 여자가 한 명 있을 때 쓰지요. 많은 여자 중 남자가 한 명 있을 때는 '청일점'이라고 해요.

끼리끼리, 초록동색(草綠同色)

'초록동색'은 풀색과 녹색은 서로 같은 색이라는 말이에요. 처지가 서로 비슷하거나 비슷한 부류의 사람끼리 어울린다는 말로 '초록은 동색이다.'라고 하지요. 그리고 그런 사람들이 서로를 감싸 줄 때 쓰는 '가재는 게 편'이란 말도 있지요.

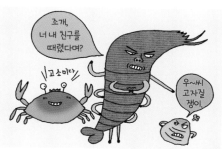

079 자포자기 自暴自棄
스스로 포기하고 돌아보지 아니한다

앞서 이야기한 순자 기억나지? 인간은 태어날 때부터 악하다고 주장한 사람 말이야. 그런데 순자와는 달리 성선설을 주장한 사람이 있었는데, 바로 맹자야. 성선설이란 인간은 태어날 때부터 착하다는 말이야.

하루는 맹자가 젊은이들에게 이런 말을 했어.

"자기를 스스로 학대(自暴, 자포)하는 사람과는 대화를 할 수 없네. 그런 사람은 대부분 예의를 모르고 도덕도 지키지 않기 때문이야. 그리고 스스로 자기 자신을 보살피지 않고 버리는(自棄, 자기) 사람도 마찬가지라네. 인간은 본래 선하게 태어나지. 그러므로 어질고 올바른 뜻에 따라가는 것은 인간이 가지고 있어야 할 기본적인 덕목이라네. 그런데 요새 젊은이들을 보면 어질고 올바른 뜻에서 벗어나 나쁜 길로만 가려고 하니, 참 한탄스러운 일이 아닐 수 없구먼."

인간이 선하기를 바랐던 맹자는 스스로 포기하는 젊은이를 보면서 얼마나 마음이 아팠을까. 그 마음이 전해 오는 듯하지?

自 暴 自 棄

스스로 **자**　사나울 **포**　스스로 **자**　버릴 **기**

'자포자기'는 스스로 자신을 학대하고 돌보지 않는다는 뜻이에요. 어떤 일이 닥쳤을 때 손을 쓰지도 않고 미리 포기해 버린다는 뜻이지요.

자신감으로 바꿀 수 있는 열등감(劣等感)

자기가 남들보다 못하다고 생각하여 자기 스스로를 낮추는 마음을 '열등감'이라고 해요.
사람들은 모두 열등감을 가지고 있어요. 하지만 '열등감'은 자신감을 갖게 되는 계기가 되기도 하지요. 부족한 점을 극복하기 위해 끊임없이 노력하게 만드는 자극이 되니까요.

080 선입견 先入見

마음속에 고정된 생각

중국 전한의 12대 왕인 애제는 정치에 서툰 왕이었어.

어느 날, 말을 잘하기로 유명한 식부궁이란 사람이 왕을 찾아왔지. 그는 왕에게 북방 민족이 곧 쳐들어올 것이니, 군사들을 미리 보내놔야 한다는 상소를 올렸어. 식부궁의 말이 하도 그럴싸해서 애제왕은 그 말을 철석같이 믿었지. 그래서 승상인 왕가를 불러 그 사실을 알렸어.

"폐하, 아뢰옵기 황송하오나 식부궁의 말은 허황된 말이옵니다."

왕가는 과거 진나라의 목공왕이 신하들의 말을 듣지 않고 전쟁을 벌이다 크게 낭패를 당했던 일과 그 이후 경험이 많고 현명한 신하들의 말을 존중해서 훌륭한 군주가 되었다는 이야기도 했어.

"부디 옛 교훈을 잊지 말고 거듭 생각하시길 바랍니다. 먼저 들은 말에 구애되지 마십시오.(先入之語爲主, 선입지어위주)"

애제왕은 끝내 왕가의 말을 받아들이지 않았지만 머지않아 식부궁의 말이 거짓임이 드러났지. 식부궁은 왕에게 거짓을 고한 죄로 죽임을 당하고 말았어.

先 入 見
먼저 **선**　들 **입**　볼 **견**

'선입견'은 미리 보거나 들은 것으로 생각이 고정되어 다른 의견은 받아들이지 않는 것을 말해요. 선입지어위주(先入之語爲主)가 선입주(先入主)로 쓰이다가, 요즘은 선입견(先入見) 혹은 선입관(先入觀)으로 쓰인답니다.

선입견과 비슷한 편견(偏見)

'편견'은 공정하지 못하고 한쪽으로 치우친 생각을 뜻해요. 특정한 사람이나 집단에게 편견을 갖는 경우가 많지요. 성별이나 나이에 따라 할 수 있는 일과 없는 일이 정해져 있다는 편견 등 우리 주위에는 버려야 할 편견이 많아요.

예쁘고 고운 우리말

북극에 사는 이누이트 족은 눈을 표현하는 십수 개의 단어가 있다고 해요.
그런데 우리말에도 잠을 표현하는 말이 여러 개 있다는 사실 알고 있나요?
꾀잠, 개잠, 꽃잠 말만 들어도 궁금해지는 우리말을 지금 만나 보세요!

081 해넘이와 해돋이

시간을 나타내는 우리말

우리말에는 시간의 변화를 나타내는 말이 많아.
특별한 우리말을 들어 볼래?

하루의 시간   해거름 - 해넘이 - 땅거미 - 갓밝이 - 해돋이

해거름 : 해가 서쪽으로 막 지기 시작하는 때
해넘이 : 해가 서쪽 수평선 너머로 사라질 때
땅거미 : 해가 진 뒤 날이 어둑해지는 때
갓밝이 : 날이 퍼레지며 동이 트기 시작하는 때
해돋이 : 해가 동쪽에서 막 떠오를 때

날(日) 이름   하루(1일), 이틀(2일), 사흘(3일), 나흘(4일), 닷새(5일),
여새(6일), 이레(7일), 여드레(8일), 아흐레(9일), 열흘(10일),
열하루(11일), 열이틀(12일), 보름(15일), 스무날(20일),
스무하루(21일), 스무이틀(22일), 스무닷새(25일),
그믐(말일)

달(月) 이름   정월(1월), 이월(2월), 삼월(3월), 사월(4월), 오월(5월), 유월(6월),
칠월(7월), 팔월(8월), 구월(9월), 시월(10월), 동짓달(11월), 섣달(12월)

날포, 달포, 해포

하루나 한 달, 일 년을 조금 넘긴 시간을 가리키는 말도 있어요. '날포'는 하루가 조금 넘는 동안, '달포'는 한 달이 조금 넘는 기간, '해포'는 일 년이 조금 넘는 기간을 가리켜요. 여기서 '포'는 기간이나 동안을 나타내는 말이지요.

과거와 현재와 미래를 나타내는 말

과거 사흘 전날: 그끄제(그끄저께)
이틀 전날: 그제(그저께)
하루 전날: 어제

현재 오늘

미래 오늘 바로 다음 날: 내일
이틀 뒤: 모레
사흘 뒤: 글피
나흘 뒤: 그글피

오늘 있었던 일을 쓰자.

082 샛바람과 하늬바람

바람을 나타내는 우리말

바람에 우리말을 붙인 건 뱃사람들이었어. 뱃사람들은 고기를 잡으러 바다로 나가야 하기 때문에 풍랑을 만나면 큰일이었거든. 그래서 뱃사람들끼리 바다에 관련된 말을 만들어 썼지. 우리말 바람 이름은 여기에서 온 거야.

샛바람(동풍) '새'는 '날 새우다.'에서 온 말로 '동(東)이 트다.'라는 뜻이지. 그래서 동쪽에서 불어오는 바람을 '샛바람'이라고 했어.

하늬바람(서풍) '하늬'는 서쪽을 뜻하는 말이야. '갈바람'이라고도 하는데 가을바람을 뜻하지. 하늬바람이 불면 곡식이 익기 시작한단다.

마파람(남풍) 마파람의 '마'는 '마주 보다'라는 의미야. 집을 등지고 섰을 때 마주 불어오는 바람을 '마파람'이라고 했지. 예로부터 조상들은 집을 지을 때 남쪽을 바라보게 지었거든.

된바람(북풍) '된바람'은 '세게 분다'는 의미야. 겨울바람이 아주 차갑고 세게 부니까 이런 이름을 붙인 거지. 높은 데서 불어온다고 해서 '높바람'이라고도 해.

쉬이~익

난 힘센 된바람!

소소바람과 황소바람

'소소리바람'은 아직 추위가 가시지 않은 이른 봄에 부는 바람으로, 살갗에 닿으면 소름이 돋는 찬 바람을 말해요. '황소바람'은 고집 센 황소처럼 겨울에 꼭꼭 닫아 놓은 문틈으로 매섭게 들어오는 바람을 말해요.

마파람에 게 눈 감추듯 한다

음식을 눈 깜짝할 새 먹는 모습을 마파람에 게 눈 감추듯 한다고 해요. 여름에 마파람이 불면 비가 내리는 경우가 많은데, 이때 위험을 느낀 게가 깜짝 놀라 재빨리 두 눈을 감추고 숨는 모습에서 나온 말이랍니다.

083 새털구름과 면사포구름

구름을 나타내는 우리말

이름 짓기를 좋아하는 우리나라 사람들은 구름에도 예쁜 이름을 붙였어. 과학책에 나오는 딱딱하고 지루한 이름보다 모양새나 성격을 딴 이름이 더 정겨운 법이거든. 우리말 구름 이름에는 무엇무엇이 있을까?

위턱구름	가장 높이 떠 있는 구름이야.
새털구름	새털 같은 하얀 줄무늬 모양이지. 날씨가 맑다가 흐려지기 시작할 때 나타나는 구름이야.
비늘구름	작은 구름 조각이 비늘 모양 같아서 '비늘구름'이라는 이름이 붙었어. 이 구름이 나타나면 비가 내리지.
면사포구름	신부의 면사포처럼 희고 얇은 구름이 온 하늘을 덮어 생긴 이름이야. 이 구름도 비가 오기 전에 나타나지.
양떼구름	양털 모양이 촘촘하게 이어져 있다고 해서 붙인 이름이지.
회색 구름	짙은 회색을 띠고 있어서 붙인 이름이야.
비구름	비를 몰고 오기 때문에 붙인 이름이란다.
밑턱구름	땅 가까이에 떠 있는 구름이야.

난 양떼구름.

뭉게구름

구름 덩어리가 뭉게뭉게 솟아오를 듯이 피어난 구름은 '뭉게구름'이라고 해요.
낮은 곳에서 높은 곳으로 수직으로 올라가는 모양의 구름으로 날씨가 맑은 봄
날 볼 수 있어요.

뜬구름 잡다

'뜬구름 잡다'라는 말이 있어요.
하늘에 떠 있는 구름을 과연 잡을 수 있을까요?
구름은 아무리 해도 손으로 잡을 수 없어요.
이 말은 성공하기 어려운 일을 하겠다고
나설 때 써요.

084 노루잠과 돌껏잠

잠을 나타내는 우리말

사람은 누구나 잠을 자. 잠은 밤에만 자는 거냐고?
물론 아니야. 다들 경험해 봤잖아.
수업 시간에도 자고, 쉬는 시간에도 자고, 밥 먹은 후에도 자. 자는 모습도 가지
각색이야. 이렇게 많은 잠! 재미난 이름을 알아 가며 잠을 확 깨 보는 건 어떨까?

노루잠(괭이잠)	노루나 괭이(고양이의 준말)는 귀가 발달해서 소리에 예민하지. 그래서 자주 깨면서 자는 잠을 '노루잠' 또는 '괭이잠'이라고 해.
단잠	곤하게 깊이 들어 아주 달게 자는 잠을 '단잠'이라고 해.
나비잠	아기가 나비처럼 팔을 머리 위로 벌리고 자는 모습을 본 적 있지? 이런 잠이 바로 '나비잠'이야.
돌껏잠	잠버릇이 고약해서 자는 내내 이리저리 주위를 뱅뱅 돌며 자는 사람이 있어. '돌껏잠'을 자는 사람이야.
꾀잠	엄마가 야단치려고 할 때 잠자는 척해 본 적 누구나 있지?
개잠	개처럼 다리와 팔을 오그리고 옆으로 누워 자는 잠을 '개잠'이라고 해.
꽃잠	아주 깊이 든 잠을 '꽃잠'이라고 한단다.

울 아기
나비잠 자네,
아이, 예뻐라.

말뚝잠, 새우잠, 도둑잠

앉은 채로 자는 잠을 '말뚝잠'이라고 하고, 새우처럼 등을 구부리고 자는 잠을 '새우잠'이라고 해요. 윗사람이나 감독관 몰래 자는 잠을 '도둑잠'이라고 해요.

잠투정과 잠버릇

'잠투정'은 어린아이가 잠을 자려고 할 때나 잠이 막 깨었을 때 울거나 떼를 쓰는 것을 말해요. 아직 말을 하지 못하는 아기는 졸릴 때 편한 상태가 아니면 잠투정을 해요. '잠버릇'이란 잠을 자면서 보이는 독특한 행동을 말해요.

085 보삭보삭과 쩌렁쩌렁

소리를 나타내는 우리말

세상에는 소리가 참 많아. 나뭇잎이 흔들리는 소리, 비가 내리는 소리, 찌개가 끓는 소리, 말하는 소리……. 우리는 많은 소리를 듣고 살지.

보삭보삭　　마른 물건이 계속해서 바스러지며 내는 소리야.

소곤소곤　　남이 알아듣지 못하게 얘기하는 소리와 모양을 나타내는 말이야.
　　　　　　　작은 목소리로 조용조용 이야기하는 모양이나 소리지.

쓱싹쓱싹　　톱질이나 줄질을 할 때 나는 소리야.

우지끈　　　크고 단단한 물체가 부러지거나 꺾어지는 소리야.

아삭　　　　단단하고 깨지기 쉬운 물건이 가볍게 부서질 때 나는 소리야.

달그락　　　단단한 물건들이 서로 부딪쳐 나는 소리야.

드르렁　　　매우 요란하게 코를 고는 소리야.

후드득　　　굵은 비가 갑자기 내릴 때 나는 소리야.

쩌렁쩌렁　　얇은 쇠붙이 같은 것이 서로 부딪치며
　　　　　　　내는 소리를 나타내는 말이야.
　　　　　　　목소리가 크게 울릴 때도 이 말을 쓰지.

졸졸졸, 새근새근, 드르륵

시냇물이 흐르는 소리는 '졸졸졸', 아기들이 잠자는 소리는 '새근새근', 미닫이 문 여는 소리는 '드르륵'. 일상에서 나는 소리를 들으며 자기만의 독특한 소리를 만들어 보는 것도 재미있을 거예요.

나라마다 다른 꼬꼬댁 꼬꼬

우리는 닭의 울음소리를 '꼬꼬댁 꼬꼬'라고 표현해요.
그런데 나라마다 이 소리를 나타내는 말이 달라요.
영어로는 '코카두들두(cockadoodledoo)', 프랑스어로는
'코코리코(cocorico)', 독일어로는 '키케리키(kikeriki)',
일본어로는 '코케콕코(kokkekokko)'라고 하지요.
소리 표현도 언어처럼 나라마다 다르답니다.

086 여우볕과 산돌림

날씨를 나타내는 우리말

우리나라는 계절마다 날씨가 뚜렷하게 달라.
날씨를 나타내는 우리말을 알아볼까?

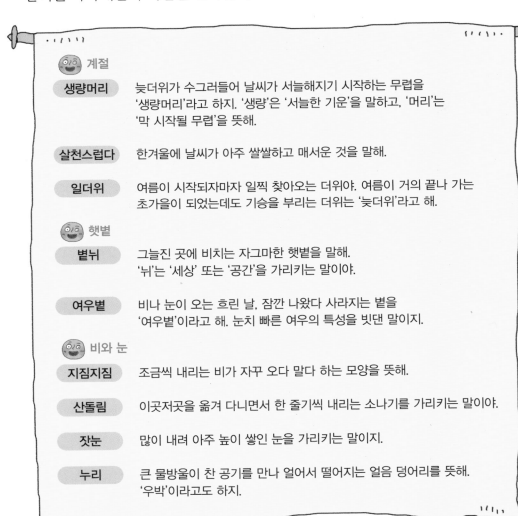

계절

생량머리 늦더위가 수그러들어 날씨가 서늘해지기 시작하는 무렵을
'생량머리'라고 하지. '생량'은 '서늘한 기운'을 말하고, '머리'는
'막 시작될 무렵'을 뜻해.

살천스럽다 한겨울에 날씨가 아주 쌀쌀하고 매서운 것을 말해.

일더위 여름이 시작되자마자 일찍 찾아오는 더위야. 여름이 거의 끝나 가는
초가을이 되었는데도 기승을 부리는 더위는 '늦더위'라고 해.

햇볕

볕뉘 그늘진 곳에 비치는 자그마한 햇볕을 말해.
'뉘'는 '세상' 또는 '공간'을 가리키는 말이야.

여우볕 비나 눈이 오는 흐린 날, 잠깐 나왔다 사라지는 볕을
'여우볕'이라고 해. 눈치 빠른 여우의 특성을 빗댄 말이지.

비와 눈

지짐지짐 조금씩 내리는 비가 자꾸 오다 말다 하는 모양을 뜻해.

산돌림 이곳저곳을 옮겨 다니면서 한 줄기씩 내리는 소나기를 가리키는 말이야.

잣눈 많이 내려 아주 높이 쌓인 눈을 가리키는 말이지.

누리 큰 물방울이 찬 공기를 만나 얼어서 떨어지는 얼음 덩어리를 뜻해.
'우박'이라고도 하지.

다양한 비의 이름

비를 가리키는 말도 여러 가지예요. '작달비'는 굵고 아주 거세게 내리는 비를 말하고, '가랑비'는 가늘게 내리는 비를 말해요. '채찍비'는 바람을 타고 채찍으로 때리듯이 굵게 내리는 비예요. '여우비'는 잠깐 내렸다 그치는 비를 말해요.

장마 이름도 여러 가지

건들장마 초가을에 비가 쏟아지다가 개고, 또 쏟아지다가 개는 장마를 말해요.

보리장마 초여름, 장마철에 들어서기 전 보리를 거두어들일 무렵에 지는 장마예요.

마른장마 장마철인데도 비가 적게 내리거나, 갠 날이 계속되는 현상을 말해요.

185

087 곰살갑거나 칠칠하거나

성격을 나타내는 우리말

사람들은 저마다 다른 특색이 있어. 성격이 좋은 사람도 있고, 안 좋은 사람도 있지. 사람의 성격을 나타내는 말도 다양해. 난 어떤 성격이고, 내 친구는 어떤 성격일까? 성격을 나타내는 우리말은 얼마나 많을까?

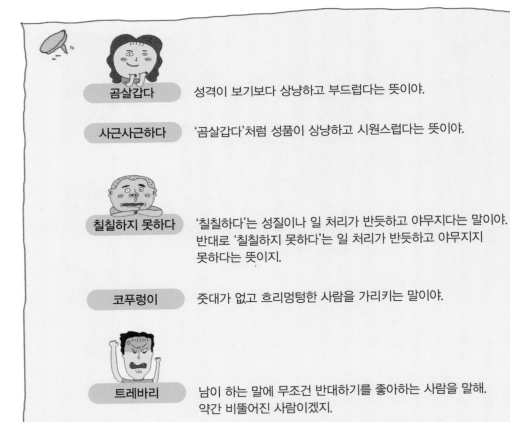

곰살갑다 — 성격이 보기보다 상냥하고 부드럽다는 뜻이야.

사근사근하다 — '곰살갑다'처럼 성품이 상냥하고 시원스럽다는 뜻이야.

칠칠하지 못하다 — '칠칠하다'는 성질이나 일 처리가 반듯하고 야무지다는 말이야. 반대로 '칠칠하지 못하다'는 일 처리가 반듯하고 야무지지 못하다는 뜻이지.

코푸렁이 — 줏대가 없고 흐리멍텅한 사람을 가리키는 말이야.

트레바리 — 남이 하는 말에 무조건 반대하기를 좋아하는 사람을 말해. 약간 비뚤어진 사람이겠지.

잰퉁이 — 잘난 체하기를 좋아하고, 남을 업신여기는 사람을 이르는 말이야.

맵짜다와 오달지다

매사에 하는 일이 야무진 사람을 가리키는 말도 있어요. '맵짜다'는 야무지고 옹골찬 모습을 가리키는 말이에요. '오달지다'도 비슷한 뜻을 가지고 있어요. 허점을 찾을 수 없이 야무지고 알찬 성격을 가리켜 '오달지다'라고 해요.

부끄러움을 아는 마음, 주리팅이

부끄러운 행동을 하고도 모른 척하는, 양심 없는 사람도 많아요. 하지만 부끄러운 행동을 하고 부끄러움을 아는 사람은 그런 행동을 고칠 수 있지요. 이렇게 부끄러움을 아는 마음을 '주리팅이'라고 해요. 잘못한 일에 대해서 '주리팅이'가 있을 때 더 건강한 사회가 될 거예요.

088 간간하거나 밍밍하거나

맛을 나타내는 우리말

세상엔 많은 음식이 있고, 음식마다 맛도 다르지. 음식을 먹으면서 그 맛을 우리말로 표현해 보면, 어쩐지 음식에 대해서 더 잘 아는 것처럼 느껴질 거야.
자, 그럼 음식 맛을 찾아 떠나 볼까?

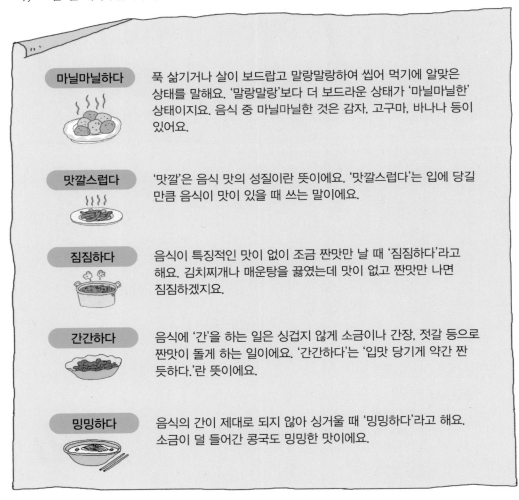

마닐마닐하다
푹 삶기거나 살이 보드랍고 말랑말랑하여 씹어 먹기에 알맞은 상태를 말해요. '말랑말랑'보다 더 보드라운 상태가 '마닐마닐한' 상태이지요. 음식 중 마닐마닐한 것은 감자, 고구마, 바나나 등이 있어요.

맛깔스럽다
'맛깔'은 음식 맛의 성질이란 뜻이에요. '맛깔스럽다'는 입에 당길 만큼 음식이 맛이 있을 때 쓰는 말이에요.

짐짐하다
음식이 특징적인 맛이 없이 조금 짠맛만 날 때 '짐짐하다'라고 해요. 김치찌개나 매운탕을 끓였는데 맛이 없고 짠맛만 나면 짐짐하겠지요.

간간하다
음식에 '간'을 하는 일은 싱겁지 않게 소금이나 간장, 젓갈 등으로 짠맛이 돌게 하는 일이에요. '간간하다'는 '입맛 당기게 약간 짠 듯하다.'란 뜻이에요.

밍밍하다
음식의 간이 제대로 되지 않아 싱거울 때 '밍밍하다'라고 해요. 소금이 덜 들어간 콩국도 밍밍한 맛이에요.

타분하다

입맛이 없을 때는 뭐라고 해야 할까요? 이럴 때는 '타분하다'라고 해요. 몸 상태가 좋지 않거나 병이 나면 입맛도 사라져요. 이렇게 입맛이 없어 무슨 맛인지 모르고 음식을 먹을 때 '타분하다'라는 말을 쓴답니다.

국물이 바특하여 톱톱하다

우리 음식에서 국은 국물과 건더기로 이루어져요.
'바특하다'는 국물이 적다는 뜻이에요.
그리고 '톱톱하다'는 국물이 적어 묽지 않다는 말이지요.
그러므로 '국물이 바특하여 톱톱하다.'는 '국물이 적어
묽지 않다.'란 뜻이랍니다.

너무 끓여서 바특하고 톱톱하군!

089 깡뚱하거나 낙낙하거나

모양새를 나타내는 우리말

거리에서 사람들을 보면 저마다 옷을 입은 모양새가 달라.
어떤 모양새를 보면 참 멋지고, 또 어떤 모양새를 보면 저절로 눈살이 찌푸려지는 경우도 있지. 모양새를 나타내는 우리말에는 뭐가 있는지 살펴볼까?

옷 입은 모양새

덜름하다	몸에 비해 길이가 짧은 모양을 '덜름하다'고 해.
깡뚱하다	'덜름하다'와 비슷한 말이야. 속옷이나 속살이 드러날 만큼 옷의 길이가 짧을 때 '깡뚱하다'란 말을 써.
낙낙하다	옷을 입었을 때 딱 맞지 않고 조금 여분이 남을 때 '낙낙하다'라고 해. '넉넉하다'보다 작은 의미야.
땀벌창	땀에 절어 옷이 축 늘어진 상태를 말해.

눈이 찡그려지는 모양새

잔생이	지긋지긋하게 말을 안 듣는 모양새를 가리켜 '잔생이'라고 해.
지싯지싯	남이 싫어하는지는 아랑곳하지 않고 짓궂게 자꾸 요구하는 경우가 있어. 이런 모양새를 '지싯지싯'이라고 해.
콩팔칠팔	흥분해서 마구 떠들어 대는 모양새를 말하지.
파니	하루 종일 아무 일도 않고 노는 사람 있지? 이렇게 노는 모양새를 '파니'라고 해.

휘휘친친과 흔전흔전

사물의 모양이나 사람이 하는 짓(모양)을 나타내는 말도 있어요. 실이나 끈을 여러 번 감거나 감기는 모양을 가리켜 '휘휘친친'이라고 해요. 돈이 많다고 아끼지 않고 펑펑 쓰는 사람이 있어요. 이렇게 돈을 펑펑 쓰는 모양새를 가리켜 '흔전흔전'이라고 해요.

보이다 말다 알른알른

어떤 물체가 보이다 말다 하는 것을 '어른거리다'라고 해요.
이 말과 비슷한 뜻을 지닌 말로 '알른알른'이 있어요.
파도가 지나갈 때마다 보였다 사라지는 조약돌처럼
어떤 물체가 보이다 말다 하는 모양새를 '알른알른'이라고 하지요.

초등어휘백과

1판 1쇄 2025년 1월 15일

글 김정신
그림 윤유리

발행인 김진용
발행처 (주)삼성출판사
등록 제1-276호
주소 서울시 서초구 명달로 94
문의 080-470-3000
홈페이지 www.mylittletiger.co.kr

©삼성출판사 2025
Printed in Korea

ISBN 978-89-15-00413-9

어린이제품 안전특별법에 의한 표시사항
제조사명 (주)삼성출판사 | **제조국** 대한민국 | **제조 연월** 2025년 1월 | **사용 연령** 3세 이상
주소 서울시 서초구 명달로 94 | **전화** 080-470-3000
주의 사항 책 모서리나 종이에 긁히거나 베이지 않게 조심하세요. 불에 가까이하지 마세요.